Cordula Hanisch • Ulli Ploberger

Süße Geheimnisse

aus dem

Garten für intelligente Faule

Das etwas andere Kochbuch

Mit Gartentipps von Biogärtner Karl Ploberger
und Zeichnungen von Leonore Geißelbrecht

Verlag Eugen Ulmer • Österreichischer Agrarverlag

Inhaltsverzeichnis

Einleitung 9
Vorwort 10
Der Garten für intelligente Faule 11

Faulenzerkuchen „dunkel“ 13
Faulenzerkuchen „hell“ 13

Kern- und Steinobst 14
Beeren 37
Blüten und Kräuter 68
Gemüse 78

Begriffserklärungen 90
Impressum 91
Ihre süßen Geheimnisse … 92

Kern- und Steinobst im Biogarten 16

Äpfel

Apfeltorte mit Schneehaube 17
Apfelkuchen mit Sonnenblumenkernen . . . 17
Apfel-Schlummertorte 18
Erfrischender Apfelkuchen 19
Apfelrolle 19
Apfelschnecken 20
Apfel-Topfentorte 21
Übergossene Apfeltorte 21
Apfelschnitten 22
Krampusäpfel 23
Getrocknete Apfelringe 23
Apfelgelee 24
Germteig-Apfelkuchen 24

Birnen

Birnentorte „Gute Luise“ 25
Birnenradeln 25
Birnen in Rotweinsauce 26

Kirschen

Kirschen 20
Kirschenstreuselkuchen 26
Kirschkuchen „Werner“ 27
Süßer Kirschenreis 27

Marillen (Aprikosen)

Schwarze Wachauer Schnitten 28
Marillensackerl 28
Mariandlstrudel 29
„Karolines“ Marillenknödel 29
Marillenröster 30
Marillen-Topfentorte 30

Pfirsich

Pfirsich-Joghurttorte 31
Pfirsich-Sommertraum 31
Pfirsich-Sherry-Trifle 32

Zwetschen

Zwetschen-Streuselkuchen 33
Zwetschen-Topfenkuchen 33
Schneller Zwetschenkuchen 34
Faulenzernockerl mit Zwetschenröster . . 34
Zwetschenterrine „Herbstsegen“ 35
Dörrzwetschen 35

Beeren im Biogarten 38

Brombeeren

Brombeeren im Walnussbeet 40
Brombeertraum 41
Heiße Brombeeren mit Vanilleeis 41

Erdbeeren

„Karlis“ Schlemmertorte 42
Gebackene Erdbeertorte 43
Erdbeercharlotte 43
Erdbeer-Schlemmerroulade 44
Erdbeer-Stanitzerl 45
Brandteigkrapferl mit Erdbeeren 45
Erdbeer-Tiramisu 46
Erdbeer-Schaumomelette 46
Erdbeer-Mascarpone-Nockerl 47
Erdbeerparfait 47
Marinierte Erdbeeren 48
„Arthurs“ Schokoladeerdbeeren 48
Monatserdbeer-Bowle 49
Erdbeerlikör 49

Heidelbeeren

Heidelbeerkuchen 50
Heidelbeer-Muffins 50
Heidelbeerstrudel 51
Heidelbeerfleck 51
Heidelbeercreme 52
Heidelbeernockerl 52
Heidelbeerlikör 53

Himbeeren

Himbeer-Nusstorte 53
Himbeerbrandteigtorte 54
Maulwurfskuchen mit Himbeeren 55
Himbeer-Butterkekse „Sophie“ 56
Himbeer-Topfentorte 57
Himbeertraum 58

Holunder

Holunderröster 58

Ribiseln (Johannisbeeren)

Eferdinger Ribiselkuchen 59
Seewalchner Ribiselkuchen 59
Überbackene Ribiseln 60

Stachelbeeren

Stachelbeerkuchen 60
Versunkener Stachelbeerkuchen 61
Stachelbeercrumble 61

Weintrauben

Traubentorte 62
Weintrauben-Gervaistorte 62
Weintraubenstrudel 63
Versteckte Weintrauben 63

Beerenvariationen

Savarin mit Beeren 64
Beerenpalatschinken „Gartenlust“ 65
Englischer Summerpudding 65
Joghurtnockerl „Ulli“ 66
Panna cotta mit Beerenvariation 66
Rote Grütze 67
Rumtopf 67

Blüten und Kräuter im Biogarten 70

Holunderblüten

Gebackene Holunderblüten 71
Holunderblütenterrine 71
Holunderblütensirup 71
Holunderblütenlikör 72
Sorbet aus Holunderblütensirup 72

Lavendel

Plobergerschnitten mit Lavendelzucker . . 73
Lavendeleis 74

Ringelblumen

Ringelblumenscones 74

Rosen

Rosenlimonade 75
Rosen-Pfirsichbowle 75
Rosenblätter aus Schokolade 76

Veilchen

Kandierte Veilchen 76

Waldmeister

Waldmeisterbowle 77

Zitronenthymian

Zitronenthymiancreme 77

Gemüse im Biogarten 80

Erdäpfel (Kartoffeln)

Erdäpfelameisenkuchen 81
Erdäpfelmohnkuchen 81
Erdäpfelwurm 82
Süße Kipfler 83

Karotten

Karottentorte „Langohr" 83

Kürbis

Kürbismuffins 84
Kürbis-Birnenstrudel 84

Rhabarber

Rhabarberschnitten 85
Rhabarber-Topfentorte „Cordula" 86
Rhabarberkuchen 87
Rhabarberstrudel 87
Rhabarber-Himbeer-Sorbet 88
Rhabarber-Erdbeer-Kompott 88

Spinat

Spinat-Cognactorte 89

Zucchini

Zucchini-Schnitten „Georg" 89

Einleitung

Garten und Kochen – zwei Bereiche, die ganz eng zusammengehören. Was wäre der schönste Garten ohne Obst, Beeren – ja ohne Gemüse? Und was wäre, wenn niemand diese süßen Früchte verarbeiten würde?

Im „Garten für intelligente Faule" soll auch das Kochen möglichst einfach vor sich gehen. Das Kochbuch „Süße Geheimnisse aus dem Biogarten" vereint beides: Ich habe versucht, in aller Kürze das Wichtigste zur richtigen Pflege der Pflanzen niederzuschreiben; meine Frau Ulli und ihre Freundin Cordula – zwei begeisterte Köchinnen – haben aus ihrem großen Erfahrungsschatz die besten Rezepte für Nachtische ausgewählt.

Es ist ein Buch aus der Praxis – sowohl aus der Garten- als auch aus der Kochpraxis. Und so bleibt mir, den Leserinnen und Lesern dieses Buches viel Vergnügen und für das Gelingen der Mehlspeisen alles Gute zu wünschen.

Karl Ploberger
Biogärtner

Vorwort

Wer kennt sie nicht, die Erntezeit im Garten? Da Unmengen von Kirschen, dort Berge von Äpfeln oder einmal Spinat in Hülle und Fülle und dann wieder Johannisbeeren, dass sich die Äste biegen!

Was tun?

Das ist eine Frage, die sich viele Gartenbesitzer häufig stellen. Auch in unseren Gärten war das nicht anders. Über viele Jahre hinweg haben wir beide aber ein Rezept oder besser viele Rezepte dafür gefunden und diese „süßen Geheimnisse" begeisterten unsere Freunde und Verwandte so sehr, dass wir beschlossen, ein Gartenkochbuch zu schreiben.

Alles, wirklich alles ist ausprobiert und für so gut befunden worden, dass es aufgenommen werden konnte.

Die Vorbereitungen für dieses Büchlein haben Monate in Anspruch genommen und viele helfende Hände waren mit dabei: Dr. Leonore Geißelbrecht hat die Zeichnungen angefertigt, Ingrid und Stefan Huber haben dafür gesorgt, dass aus den einzelnen Rezepten ein Buch geworden ist.

Allen Mitwirkenden wollen wir danke sagen. Ihnen, die Sie nun die „Süßen Geheimnisse" nachkochen, wünschen wir gutes Gelingen. Sollten Sie die eine oder andere Anregung haben, schreiben Sie, bitte, an „Der Garten für intelligente Faule" – Karl Ploberger, Dr. Schuhstraße 20, 4863 Seewalchen. Oder schicken Sie einfach ein E-Mail: ploberger@biogaertner.at

Mag. Ulli Ploberger *Mag. Cordula Hanisch*

Der Garten für intelligente Faule

Es war der berühmte deutsche Staudengärtner Karl Foerster, der die Idee hatte, einen „Garten für intelligente Faule" anzulegen – einen Garten nicht im Einheitsgrün, sondern einen, der einlädt zum Entdecken, Genießen und Erholen. Und trotzdem nicht viel Arbeit macht!
Es gibt einige Grundregeln, die bei der Neuanlage eines Gartens oder beim Umgestalten und der anschließenden Pflege zu beachten sind: Der Trend der letzten Jahre ist der „Naturgarten". Keine Wildnis, sondern ein Stück Grün, das Freude macht und dennoch eine Oase der Natur ist. Beispielsweise sollte in einem solchen Garten nicht jedem Unkraut „nachgelaufen" werden. Gräser in den Plattenfugen eines Weges sind nicht störend, sondern willkommen. Bei jedem Rasenmähen werden sie mit dem etwas höher eingestellten Mähmesser in Form gehalten.

„Gartenarbeit soll Spaß machen und nicht zur Belastung werden!"

Ob ein Garten ein „großes Stück" Arbeit wird, hängt davon ab, wie er in seinen Grundzügen angelegt wird. Beete, die Jahr für Jahr neu bepflanzt werden müssen, werden mehr Arbeit bedeuten als Beete, die beispielsweise mit Stauden bepflanzt werden. Der Tipp vom Biogärtner: „Gartenarbeit soll Spaß machen und nicht zur Belastung werden!"
Schaffen Sie mit Ihrem Garten nicht bloß gestaltete Flächen, sondern überlassen Sie – vor allem in größeren Gärten – auch einige Bereiche der Natur: Selbst in einem dicht verbauten Gebiet werden sich in einer solchen „Oase" Tiere und Pflanzen einfinden, die das Leben im Garten bereichern und zum Forschen einladen.
Wichtige Elemente in einem Garten sollten von Beginn an eingeplant werden, auch wenn sie erst später errichtet werden: Gartenlauben, Gewächshäuser, Sitzplätze und Spielflächen. Besonders eindrucksvoll in der Gestaltung sind dominierende Bäume: Der „Hausbaum" hat deshalb seit einigen Jahren wieder eine Renaissance gefunden. „Der Baum schützt, umarmt und rahmt das Haus ein", meinen die Gartenarchitekten.
Und noch ein letzter Ratschlag: Gärten hatten ihre ursprüngliche Bedeutung in der Eigenversorgung mit frischem Gemüse und Obst. Planen Sie solche Bereiche ein, denn erst die Ernte ist der Lohn für die Arbeit eines Jahres.

Schrittweise zum ***Garten für intelligente Faule***

1. Beginnen Sie mit dem exakten Beobachten. Wie sind die Bodenverhältnisse auf Ihrem Grundstück, ist die Erde eher feucht oder trocken, gibt es viel oder wenig Sonne? Wo ist die Hauptwindrichtung?

2. Wählen Sie die Pflanzen aus: Unter den tausenden Gewächsen müssen Sie jene herausfinden, die zu den Boden- und Lichtverhältnissen passen. Geschulte Experten helfen Ihnen dabei. Einzige zusätzliche Bedingung sollte sein: Geben Sie Pflanzen den Vorzug, die Nützlingen Nahrung liefern.

3. Verwenden Sie von Beginn an Kompost als Dünger. Das versorgt die Pflanzen schonend mit Nährstoffen und führt gleichzeitig dazu, dass der Boden gelockert wird.

4. Die eigentliche Erleichterung erfolgt durch das Mulchen oder Bodenbedecken. Es geht ganz einfach. Rasenschnitt oder anderes organisches Material wird auf die Erde aufgestreut – in einer Schicht von 5 bis 10 Zentimetern. Damit wird die Erde vor dem Austrocknen geschützt, während gleichzeitig viel weniger Unkraut wächst. Als Mulchmaterial kann natürlich auch Rindenmulch verwendet werden. Dabei heißt es nur aufpassen, dass man diese zerkleinerte Rinde nur dort aufbringt, wo tief wurzelnde Pflanzen wachsen. Die Säure würde sonst die Wurzeln der Zierpflanzen schädigen.

5. Unbedingt beachten sollte der intelligente Gärtner die Mischkultur. Nur die bunte Vielfalt in einem Garten oder in einem Blumenbeet sorgt dafür, dass die Schädlinge kaum Chancen haben.

6. Dass der Boden ein kompliziert aufgebautes System ist, sollte jeder Gärtner beachten. Daher gehört das Umgraben der Vergangenheit an. Sobald der Boden mehrere Jahre lang mit Kompost versorgt worden ist, bleibt er locker und kann mit der Grabgabel gelockert werden. Dabei werden die Erdschichten nicht durcheinander geworfen, sondern es kommt nur Luft in die Erde: Grabgabel einstechen, am Griff nach vor und zurück rütteln und herausziehen. Wer dies in den Blumen- und Gemüsebeeten alle zehn Zentimeter macht, hat den Boden ausreichend gelockert.

7. Bekämpfen Sie Schädlinge nur mit nützlingsschonenden Spritzmitteln. Das ist nicht nur für Sie, sondern auch für die Umwelt besser und schafft in weiterer Folge einen „intelligenten" Garten, denn nach und nach werden Marienkäfer, Schwebfliegen und Florfliegen die Schädlingsbekämpfung übernehmen.

Keine Waage notwendig!

Faulenzerkuchen „dunkel“

• **ZUTATEN:**	*3 Eier*	*1 Becher Trink-Kakao-Pulver*
	1 Becher Zucker	*1 Becher geriebene Mandeln*
	1 Becher Sauerrahm	*1 Becher Mehl*
	1/2 Becher Öl	*1 P. Backpulver*

• **BACKTEMPERATUR:** *180 Grad*
• **BACKZEIT:** *30 Minuten*

Eier mit Zucker schaumig rühren. Anschließend Sauerrahm, Öl, Trink-Kakao-Pulver und geriebene Mandeln unterrühren. Mehl mit Backpulver vermischen und unter die Masse heben. Den Teig auf ein gefettetes Blech streichen und backen.
Eventuell mit einer Schokoladenglasur überziehen (Schokolade mit Butter im Wasserbad erweichen) oder mit Puderzucker bestreuen. Beliebig mit Obst belegen, wenn gewünscht.

Faulenzerkuchen „hell“

• **ZUTATEN:**	*1 Becher Joghurt*	*2 Eier*
	1 Becher Öl	*3 Becher Mehl*
	2 Becher Zucker	*1 P. Backpulver*

• **BACKTEMPERATUR:** *180 Grad*
• **BACKZEIT:** *45 Minuten*

Alle Zutaten verrühren. Den Teig auf ein Blech streichen, beliebig mit Obst belegen und backen.

Kern- und Steinobst

Kern- und Steinobst im Biogarten

Äpfel, Birnen, Zwetschen, Aprikosen, Pfirsiche, Nektarinen – sie alle sollten in einem Garten nicht fehlen, wenn genügend Platz vorhanden ist. Bedenken Sie immer: Die Bäume wachsen manchmal in den Himmel. Und aus neu gepflanzten Gehölzen werden nach zehn Jahren gewaltige Bäume.

Bei der Auswahl der Bäume sollte daher immer Zurückhaltung geübt werden. Äpfel, Birnen und Zwetschen kommen auf eine frei Wiese. Aprikosen, Nektarinen und Pfirsiche dagegen an die Hauswand. Nur geschützt vor Regen werden sie in unseren Breiten Ernte bringen.

Beim Pflanzen eines Baumes entfernen Sie auf einer Fläche von etwa einem Quadratmeter den Rasen. Das Pflanzloch sollte gut 40 cm tief sein. Sind Wühlmäuse im Garten, Bäume unbedingt in einen Gitterkorb pflanzen. Das Aushubmaterial mit Kompost vermischen und die Erde gut mit Rinde abdecken.

Beim Baumschnitt auf den Rat von erfahrenen Obstgärtnern setzen: Ehe Sie zur Schere greifen, lassen Sie einen Baumschneider von einem Siedlerverein oder einem Obst- und Gartenbauverein kommen.

Apfeltorte mit Schneehaube

• ZUTATEN:

MÜRBTEIG	FÜLLUNG	HAUBE
190 g Mehl	*600 g geschälte und entkernte Äpfel*	*2 Eiklar*
120 g Butter	*Zitronensaft*	*50 g Zucker*
80 g Zucker	*2 EL Zucker*	
2 Dotter	*2 EL Rum*	

• VORBACKEN: *150 Grad, 15 Minuten*
• BACKTEMPERATUR: *180 Grad*
• BACKZEIT: *15 Minuten*

Eine Tortenform mit 22 cm Durchmesser verwenden!

Backrohr auf 150 Grad vorheizen.
Aus Mehl, Butter, Zucker, Dotter einen Mürbteig bereiten.
Dreiviertel der Masse in eine kleine Tortenform drücken, den Rest als Rand in die Form drücken und hellgelb vorbacken.
In der Zwischenzeit einige Äpfel mit wenig Wasser und Zitronensaft dünsten, mit Zucker und Rum abschmecken und anschließend pürieren. Eiklar und Zucker zu einem festen Schnee schlagen.
Das Apfelmus auf den vorgebackenen Mürbteigboden geben und die Schneehaube darüber streichen. Solange bei 180 Grad backen, bis der Schnee hellbraun wird.

Apfelkuchen mit Sonnenblumenkernen

Schmeckt am zweiten Tag noch besser!

• ZUTATEN:

RÜHRTEIG

200 g Weizenvollmehl	*3–4 säuerliche Äpfel*
1/2 P. Backpulver	*etwas Zitronensaft*
3 Eier	
eine Prise Salz	*80 g Honig*
120 g Zucker	*20 g Butter*
170 g Butter	*100 g Sonnenblumenkerne*

• • •

…

- **BACKTEMPERATUR:** *180 Grad*
- **BACKZEIT:** *ca. 30 Minuten*

Aus den Zutaten einen Rührteig herstellen und in eine befettete, bemehlte Tortenform füllen.
Die geschälten, geviertelten und eingeschnittenen Äpfel mit Zitronensaft beträufeln und auf dem Teig verteilen.
Honig, Butter und Sonnenblumenkerne aufkochen lassen und über die Äpfel gießen.

Sehr saftig!

Apfelschlummertorte

- **ZUTATEN:**
  - *4 Dotter*
  - *4 Eiklar*
  - *200 g Zucker*
  - *100 g Mohn*
  - *3 Äpfel*
  - *100 g geriebene Mandeln*
  - *1 Msp. Backpulver*

SCHOKOLADENGLASUR
5 Rippen Schokolade
150 g Butter

- **BACKTEMPERATUR:** *180 Grad*
- **BACKZEIT:** *ca. 60 Minuten*

Die Dotter mit dem Zucker schaumig rühren.
Den geriebenen Mohn, die Mandeln, die geschälten, würfelig geschnittenen Äpfel und den steif geschlagenen Schnee abwechselnd einmengen. Zuletzt das Backpulver unterrühren.
Die Torte leicht anzuckern oder mit Schokoladenglasur (Butter und Schokolade im Wasserbad erweichen) überziehen.

Erfrischender Apfelkuchen

• ZUTATEN:

MÜRBTEIG
250 g Mehl
1 1/2 TL Backpulver
125 g Zucker
1 P. Vanillezucker
1 Ei
125 g Butter

BELAG
1 kg Äpfel
2 P. Vanillepuddingpulver
750 ml Weißwein oder Apfelsaft
1 P. Vanillezucker
75 g Zucker
1/4 Liter Schlagsahne
etwas Zimt

• BACKTEMPERATUR: *175 Grad*
• BACKZEIT: *ca. 1 Stunde*

Mehl mit Backpulver vermischen, Zucker, Vanillezucker, Ei und Butter hinzufügen und den Mürbteig kühl ruhen lassen. Backrohr vorheizen.
Die Äpfel waschen, schälen, vom Kerngehäuse befreien und in dünne Scheiben schneiden.
Das Puddingpulver nach Anweisung jedoch statt Milch mit Wein bzw. Apfelsaft unter Beigabe von Vanillezucker und Zucker zu einem Pudding kochen und die Apfelscheiben unterrühren.
Den Mürbteig in eine Tortenform drücken und einen Rand formen. Die Apfel-Puddingmasse einfüllen und backen.
Nach dem Auskühlen kühl stellen und vor dem Servieren mit geschlagenem Obers bestreichen und mit Zimtpulver bestreuen.

Apfelrolle

• ZUTATEN:

MÜRBTEIG MIT TOPFEN
250 g Mehl
250 g Topfen
150 g Butter
eine Prise Salz
50 g Zucker
Zitronenschale
1 P. Vanillezucker

1 kg Äpfel
2 EL Zucker
Zimt
etwas Nelkenpulver
Saft einer Zitrone
ev. in Rum
eingelegte Rosinen

• • •

...

- **BACKTEMPERATUR:** *180 Grad*
- **BACKZEIT:** *ca. 35–40 Minuten*

Backrohr vorheizen. Mehl und Butter abbröseln und mit Topfen, Salz, Zucker, Zitronenschale und Vanillezucker einen Mürbteig zubereiten. Kühl stellen.
Inzwischen Äpfel schälen und blättrig schneiden. Mit Zucker, Zimt und Nelken vermischen. Den Teig auswalken, die Apfelfülle darauf verteilen, eventuell Rosinen dazugeben, einrollen und backen. Zum Servieren mit Zucker bestreuen und in 3 cm dicke Scheiben schneiden.

Eignen sich sehr gut zum Einfrieren!

Apfelschnecken

- **ZUTATEN:**

GERMTEIG

750 g Mehl
ca. 1/4 Liter lauwarme Milch
2 Eier
eine Prise Salz
100 g Butter
120 g Zucker

VORTEIG („DAMPFERL“)

40 g Hefe
1 TL Zucker
1 EL Mehl
2 EL lauwarme Milch

FÜLLUNG

1 Glas Apfelgelee oder beliebige Marmelade
500g säuerliche Äpfel
1 TL Zimt
100 g gehobelte Mandeln

ZUM BESTREICHEN:

1 Dotter
etwas Milch

- **BACKTEMPERATUR:** *190 Grad*
- **BACKZEIT:** *ca. 20 Minuten*

Zutaten vom Vorteig verrühren und aufgehen lassen.
Mehl, Eier, Salz, zerlassene Butter und Zucker verrühren, den aufgegangenen Vorteig einrühren und zu einem ziemlich festen Hefeteig verkneten. Backrohr vorheizen.
Diesen Teig aufgehen lassen, anschließend zu einer großen Platte ausrollen mit Apfelgelee bestreichen, die Äpfel darüberraspeln, mit Zimt und Mandeln bestreuen und zu einer Rolle einrollen. Diese Rolle nun in nicht zu dünne Scheiben schneiden, auf das Backblech setzen und nochmals aufgehen lassen. Dann mit Dottermilch bestreichen und goldgelb backen.

Apfel-Topfentorte

Schmeckt lauwarm besonders gut!

• ZUTATEN:

RÜHRTEIG

125 g Butter
4–6 EL Honig
4 Eier
1/2 TL Zimt
1 P. Vanillezucker
Saft und Schale einer unbehandelten Zitrone
4 gehäufte EL Vollweizengrieß
2 gestr. TL Backpulver
1 kg Magertopfen
600 g Äpfel

• BACKTEMPERATUR: *180 Grad*
• BACKZEIT: *90 Minuten (nach 60 Minuten mit Folie abdecken)*

Backrohr vorheizen.
Die Butter mit dem Honig vorsichtig erwärmen, abkühlen lassen und mit den Eiern, dem Zimt, dem Vanillezucker, Zitronensaft und -schale schaumig rühren. Nun den mit dem Backpulver vermischten Grieß und den Topfen daruntermengen.
Die Äpfel schälen und raspeln und unter den Teig mischen. In einer gefetteten und bemehlten Springform backen.

Übergossene Apfeltorte

• ZUTATEN:

MÜRBTEIG

140 g Dinkelmehl
100 g Butter
1 Prise Salz
2 EL Wasser

1 kg Äpfel
Zimt

ÜBERGUSS

3 Dotter
150 g Vollrohrzucker
1/4 Liter Rahm
1 EL Mehl
1 P. Vanillepudding
3 Eiklar

• BACKTEMPERATUR: *180 Grad*
• BACKZEIT: *ca. 1 Stunde*

• • •

• • •

Mehl und Butter abbröseln, mit Salz und Wasser einen Mürbteig kneten. Den Teig kühl ruhen lassen. Die Äpfel vierteln, mit Zimt bestreuen und anschließend auf dem in eine Tortenform gedrückten Mürbteig verteilen. Für den Guss werden Dotter mit Zucker, Sauerrahm, Mehl und Vanillepudding verrührt. Eiklar zu steifem Schnee schlagen und in die Dottermasse einrühren.

Wie die Torte kalt schmeckt, konnte ich leider nicht in Erfahrung bringen, denn sie wurde immer sofort aufgegessen!

Apfelschnitten

• ZUTATEN:

150 g Butter
150 g Zucker
3 Eier
300 g Mehl
1 P. Vanillezucker
1 EL Zitronensaft
3 gestr. TL Backpulver

FÜLLUNG

100 g Zucker
2 Dotter
1 P. Vanillezucker
1 EL Zitronensaft
3 EL Apfelgelee (oder beliebige Marmelade)
100 g geriebene Walnüsse
1 kg Äpfel
etwas Zimt

HAUBE

100 g Zucker
2 Eiklar

• BACKTEMPERATUR: *200 Grad*
• BACKZEIT: *ca. 40 Minuten*

Für die Füllung die Äpfel schälen, feinblättrig schneiden und mit Zitronensaft beträufeln. Dotter, Zucker, Vanillezucker, Zimt und Apfelgelee gut verrühren. Die Walnüsse und die Äpfel unterheben. Für den Teig werden Butter, Zucker und Vanillezucker schaumig gerührt. Die Eier nach und nach zugeben und das mit Backpulver vermischte Mehl und den Zitronensaft unterrühren. Den Teig auf ein Blech streichen und die Füllung darüber verteilen. Anschließend ins vorgeheizte Rohr schieben. Für die Haube wird das Eiklar zu steifem Schnee geschlagen und nach und nach Zucker untergerührt. Die Masse mit einem Spritzsack diagonal auf den Kuchen spritzen und noch weitere 5 Minuten überbacken.

Krampusäpfel

Besonders beliebt an kalten Winterabenden!

- **ZUTATEN:**
  4 Äpfel (am besten Boskoop)
  einige Tropfen Zitronensaft
  gehackte Walnüsse
  gehackte Mandeln
  Rosinen
  Dörrzwetschenstücke
  etwas Rum
  4 EL beliebige Marmelade

- **BACKTEMPERATUR:** *170 Grad*
- **BACKZEIT:** *ca. 20 Minuten*

Mit einem Ausstecher von oben das Kerngehäuse aus den Äpfeln ausstechen.
In die Aushöhlung sodann einige Tropfen Zitronensaft träufeln.
Jetzt vermischen Sie die angegebenen Zutaten und füllen die Masse in die ausgehöhlten Äpfel.
Äpfel in eine feuerfeste Form geben und backen.
Eventuell mit warmer Vanillesauce servieren.

Getrocknete Apfelringe

Bleiben schön weiß!

- **ZUTATEN:**
  1 Tasse Zitronensaft
  2 TL Salz
  1 1/2 Liter Wasser
  Äpfel (besonders geeignet sind Gravensteiner)

Äpfel waschen, schälen, in dünne Scheiben schneiden und in das mit Zitronensaft und Salz vermischte Wasser legen. 10 Minuten ziehen lassen.
Im Rohr oder im Dörrapparat trocknen.

Apfelgelee

• **ZUTATEN:** *1 kg Fallobst* *Gelierzucker*

Die Äpfel waschen, entkernen, vierteln und in wenig Wasser weich dünsten. Einen Sessel umgedreht auf einen Tisch stellen und an den vier Beinen ein Leinentuch anbinden. Die gedünsteten Äpfel hineingießen und über Nacht in ein Gefäß abtropfen lassen. Den entstandenen Saft abmessen und pro 600 ml Saft 600 g Gelierzucker dazugeben; so lange köcheln lassen, bis der Saft geliert.
Noch heiß in Gläser füllen, gut verschließen und kühl und dunkel aufbewahren.

Noch schneller geht die Herstellung im Entsafter! Gute Apfelverwertung!

Germteig-Apfelkuchen

• **ZUTATEN:**

	VORTEIG („DAMPFERL")	**FÜLLUNG**
300 g Mehl	*1/8 Liter Milch*	*1 kg Äpfel*
120 g Butter	*40 g Hefe*	*eventuell Rosinen*
eine Prise Salz	*2 TL Zucker*	
1 ganzes Ei		
1 Dotter		
Zitronenschale		*1 Eiklar zum Bestreichen*

• **BACKTEMPERATUR:** *180 Grad*
• **BACKZEIT:** *30–40 Minuten*

Das gesalzene Mehl wird mit der Butter verbröselt. Dann fügt man zum Mehl das ganze Ei, den Dotter und den aufgegangenen Vorteig hinzu. Anschließend knetet man das Ganze zu einem glatten Teig, den man nochmals aufgehen lässt. Dann wird der Teig halbiert und zu einem Rechteck ausgewalkt. Nun wird eine Teighälfte auf das Blech gelegt und mit geschälten und blättrig geschnittenen Äpfeln und eventuell Rosinen belegt. Sodann die zweite Teigplatte darauf legen. Mit Eiklar bestreichen und ins Rohr schieben.

Birnentorte „Gute Luise“

• ZUTATEN:

RÜHRTEIG

4 Eiklar
200 g Zucker
200 g Walnüsse
2 EL reine Maisstärke
1 Msp. Backpulver

7–8 Birnen
6 Blatt Gelatine
1 EL Williamsbirnenschnaps
1/4 Liter Schlagsahne
geriebene Schokolade

• BACKTEMPERATUR: *180 Grad*
• BACKZEIT: *ca. 20 Minuten*

Backrohr vorheizen. Eiklar zu steifem Schnee schlagen und mit dem Zucker weiterschlagen. Vorsichtig Nüsse und die mit Backpulver vermischte Maisstärke unterheben und backen. Gelatine einweichen. Die geschälten Birnen in möglichst wenig Zuckerwasser kochen und anschließend pürieren. Gelatine im heißen Birnenmus auflösen und mit dem Birnenschnaps verfeinern. Tortenboden samt Tortenreifen auf einen Teller stellen, das ausgekühlte Birnenmus auf die Torte streichen und kühl stellen.
Vor dem Servieren mit Schlagsahne bestreichen und mit geriebener Schokolade verzieren.

Birnenradeln

Schmeckt auch sehr gut mit Äpfeln!

• ZUTATEN:

RÜHRTEIG

75 g Mehl
1/4 TL Salz
1/4 TL Zimt
4 EL Milch
2 Dotter
2 Eiklar
3 EL Wasser

3 nicht zu weiche Birnen
Birnenschnaps
Zucker
Fett zum Ausbacken

Die Birnen schälen, in Scheiben schneiden und entkernen. Birnenschnaps und Zucker verrühren und die Birnenscheiben darin 15 Minuten ziehen lassen. Mehl, Salz, Zimt in eine große Schüssel sieben. Milch, Dotter und Wasser zugeben und alles glatt rühren.
Eiklar zu festem Schnee schlagen und vorsichtig unter den Teig heben. Die Birnenscheiben in den Teig tauchen und in einer Pfanne knusprig backen. Mit Zimtzucker bestreuen und heiß servieren. Dazu schmeckt Vanilleeis sehr gut.

Birnen in Rotweinsauce

• ZUTATEN:

2 reife feste Birnen
Schale einer unbehandelten Zitrone
175 ml Rotwein
50 g Zucker
1 Zimtstange
4 EL kaltes Wasser

Die Birnen streifig schälen, halbieren und entkernen. Zitronenschale, Rotwein, Zucker, Zimt und Wasser in einem flachen Topf zum Kochen bringen. Die Birnen dazugeben, aufkochen lassen, den Topf vom Herd nehmen und im Saft abkühlen lassen.
Die abgekühlten Birnen in eine Schüssel geben. Den Saft einkochen bis er sirupartig wird. Zimt und Zitronenschale herausnehmen. Die Sauce abkühlen lassen.
Die Birnen in den Sirup legen und mit frischer Schlagsahne servieren.

Kirschenstreuselkuchen

• ZUTATEN:

200 g Butter
150 g Zucker
eine Prise Salz
3 EL Vanillezucker
1 Ei
400 g Mehl
800 g Kirschen
100 g Kristallzucker

• BACKTEMPERATUR: *180 Grad*
• BACKZEIT: *ca. 45 Minuten*

Die Butter zerlassen und mit Zucker, Salz, Vanillezucker, dem Ei und der Hälfte des Mehles verrühren. Die restliche Hälfte des Mehls dazuschütten und mit den Händen zu Streusel verarbeiten. Backrohr vorheizen.
Die Hälfte des Streuselteiges mit einem etwa 3 cm hohen Rand in die Tortenform drücken.
Die Kirschen waschen, entkernen und auf dem Boden verteilen.
Mit Kristallzucker bestreuen und die restlichen Streusel auf den Kirschen verteilen.
Nun den Kuchen ins Backrohr schieben und goldgelb backen.

Schnelle Zubereitung, da die Streuselmasse mit der des Tortenbodens identisch ist!

Kirschkuchen „Werner“

• ZUTATEN:

RÜHRTEIG

250 g Butter
250 g Zucker
4 Eier
4 Rippen Schokolade
240 g Mehl
gestr. TL Backpulver

400g Kirschen

• BACKTEMPERATUR: *180 Grad*
• BACKZEIT: *40 Minuten*

Butter mit dem Zucker schaumig rühren, die ganzen Eier nach und nach einrühren.
Schokolade im Wasserbad schmelzen und unter die Eimasse rühren.
Mehl mit Backpulver vermischen und vorsichtig unterheben.
Die Masse auf ein kleines Backblech aufstreichen, die gewaschenen, entkernten Kirschen darüber streuen und ins Rohr schieben.

Süßer Kirschenreis

• ZUTATEN:

120 g Rundkornreis
1/2 Liter Wasser
eine Prise Salz
etwas Zitronenschale
30 g Butter
1–2 EL Honig
1/4 kg Kirschen
1 P. Vanillezucker
1/4 Liter Schlagsahne
geriebene Kürbiskerne zum Verzieren

Den Reis in Wasser weichkochen.
Mit Vanillezucker, Zitronenschale, Salz, Butter und Honig würzen.
Den Reis auskühlen lassen. Die Kirschen unter den Reis mischen.
Schlagsahne steif schlagen und unter die Masse heben.
In Glasschalen anrichten und mit Schlagsahne und geriebenen Kürbiskernen verzieren.

Schwarze Wachauer-Schnitten

• ZUTATEN:

220 g Butter
220 g Zucker
1 P. Vanillezucker
6 Dotter
220 g erweichte Schokolade
220 g Mehl
1 KL Backpulver
3 EL Rum
6 Eiklar
1 1/2 kg Aprikosen (Marillen) zum Belegen

• BACKTEMPERATUR: *200 Grad*
• BACKZEIT: *ca. 30 Minuten*

Die Butter schaumig rühren, Zucker und Vanillezucker, Dotter und erweichte Schokolade einmischen. Das mit Backpulver vermischte Mehl unterrühren. Zuletzt das steif geschlagene Eiklar und den Rum unterheben. Die Masse auf ein befettetes Backblech streichen und mit halbierten Aprikosen belegen. Nach dem Backen leicht mit Puderzucker bestreuen.

Marillensackerl

• ZUTATEN:

Strudelteig (4 Blätter)
50 g Butter
9 Aprikosen (Marillen) halbiert und entsteint
4 EL Aprikosenlikör
12 Amaretti (ital. Mandelgebäck)
2 EL Marzipan

• BACKTEMPERATUR: *200 Grad*
• BACKZEIT: *ca. 15 Minuten*

Backofen vorheizen. 2 Strudelblätter mit zerlassener Butter bestreichen und mit je 2 weiteren Strudelblättern bedecken. Jedes Strudelblatt in 9 Quadrate schneiden und auf jedes Quadrat eine halbierte Aprikose (mit der flachen Seite nach oben) setzen.
Die zerbröselten Amaretti, den Marillenlikör und das Marzipan mischen und je ein Häufchen in die Aprikosenmulde setzen. Nun die vier Ecken des Teigblattes nach oben ziehen und oben zusammendrücken, mit Butter bestreichen und goldgelb backen.

Mariandlstrudel

- **ZUTATEN (FÜR EINEN STRUDEL):** *Strudelteig (2 Blätter)*

FÜLLUNG

250 g Topfen (Quark)	*3/16 Liter Sauerrahm*	*Zitronenschale*
50 g Butter	*2 Dotter*	*Vanille*
40 g Puderzucker	*2 Eiklar*	*eine Prise Salz*
30 g Mehl	*60 g Kristallzucker*	*ev. 50 g Rosinen*
		200 g Aprikosen (Marillen)

- **BACKTEMPERATUR:** *180 Grad*
- **BACKZEIT:** *30 Minuten (nach 15 Minuten mit Alufolie abdecken)*

Butter mit der Hälfte des Zuckers, Zitronenschale, Vanille und Salz schaumig rühren. Topfen, Dotter, Rahm und Mehl einrühren. Eiklar zu festem Schnee schlagen und den restlichen Zucker unterrühren. Die Strudelblätter nach Anleitung vorbereiten, die Topfenmasse auf ein Drittel der Blätter streichen und den Rest mit zerlassener Butter bestreichen. Die Topfenfülle mit den halbierten und entkernten Aprikosen belegen und zu einem Strudel zusammenrollen. Mit Butter bestreichen und backen.

„Karolines Marillenknödel"

Dieser Teig eignet sich auch vorzüglich für Zwetschenknödel! Leicht einzufrieren!

- **ZUTATEN:**

TOPFENTEIG

1 P. Topfen (Quark)	*1 Dotter*
60 g Butter	*eine Prise Salz*
100 g Mehl	

BUTTERBRÖSEL

100 g Butter
120 g Semmelbrösel
eine Prise Zimt
50 g Kristallzucker

Aprikosen (Marillen) zum Füllen

Topfen, Dotter, Butter, Salz und Mehl verrühren. Aprikosen waschen, ev. mit dem Kochlöffelstiel den Kern herausdrücken und mit einem Zuckerstück füllen. Teig auf einer bemehlten Arbeitsfläche zu einer Rolle formen und in Scheiben schneiden. Teigscheiben etwas flach drücken, je eine Aprikose darauf setzen und mit Teig umhüllen. Knödel formen und in leicht gesalzenem Wasser 10 bis 12 Minuten ziehen lassen. Knödel in Butterbröseln wälzen und mit Puderzucker bestreuen.

Marillenröster

• ZUTATEN:

500 g Aprikosen (Marillen)
1/16 Liter Wasser
100 g Kristallzucker
Saft einer Zitrone

Die Marillen waschen, halbieren und entkernen.
Anschließend mit dem Wasser, dem Zucker und dem Zitronensaft weich dünsten.

Passt sehr gut zu Topfenknödeln!

Marillen-Topfentorte

• ZUTATEN:

MÜRBTEIG

150 g glattes Mehl
50 g Zucker
100 g Butter
etwas Salz
1/2 P. Vanillezucker

FÜLLUNG

500 g Topfen (Quark)
150 g Zucker
1 P. Vanillezucker
1 P. Vanillepuddingpulver
3 Dotter
3 Eiklar
ev. 50 g Rosinen
Aprikosen-(Marillen-) Stückchen

• BACKTEMPERATUR: *180 Grad*
• BACKZEIT: *35 Minuten*

Aus den Mürbteigzutaten den Teig rühren, der in eine gefettet Springform mit hohem Rand gelegt wird. Hell vorbacken. In der Zwischenzeit die Füllung zubereiten.
Dafür den Eischnee mit 50 g Zucker schlagen. Topfen, 100 g Zucker, Vanillezucker, Puddingpulver und Dotter verrühren. Den steifen Schnee darunter heben.
Falls Sie für die Füllung Rosinen verwenden wollen, diese unter die Masse mischen.
Die Aprikosenstückchen kommen auf den vorgebackenen Kuchenboden, darauf die Füllung geben und im Backrohr goldgelb backen.

Pfirsich-Joghurttorte

Erfrischend und gut!

• **ZUTATEN:**

RÜHRTEIG
120 g Zucker
5 Dotter und 1 ganzes Ei
5 Eiklar
100 g Mehl
1 Msp. Backpulver
Zitronenschale
Saft einer Zitrone

FÜLLUNG
150 g Zucker
1/2 Liter Joghurt
Vanillezucker
2 EL Rum
Saft einer halben Zitrone
5 Blatt Gelatine
1/4 Liter Schlagsahne
4 Pfirsiche

• **BACKTEMPERATUR:** *180 Grad*
• **BACKZEIT:** *ca. 30 Minuten*

Backrohr vorheizen. Zucker, Dotter und Ei schaumig schlagen. Zitronenschale und Zitronensaft dazugeben und das Mehl mit dem Backpulver vorsichtig einmengen. Klar zu Schnee schlagen und vorsichtig unterheben. Teig in Tortenform geben und in das vorgeheizte Rohr schieben.
Für die Füllung die Gelatine einweichen. Zucker, Joghurt, Vanillezucker und Rum verrühren. Die Gelatine im Zitronensaft auflösen und zur Joghurtcreme geben. Schlagsahne schlagen und unterheben. Nun die ausgekühlte Torte halbieren und eine Hälfte in einen Tortenreifen stellen; mit der Joghurtcreme bedecken. Die geschälten, geschnittenen Pfirsiche hineinlegen, die zweite Tortenhälfte darauf legen und über Nacht kühl stellen.

Pfirsich-Sommertraum

• **ZUTATEN:**

MÜRBTEIG
200 g Butter
100 g Zucker
eine Prise Salz
1/4 ausgekratzte Vanilleschote
200 g Mehl
150g geriebene Mandeln
50 g Kochschokolade

BELAG
250 g Mascarpone
2 Dotter
50 g Zucker
3 EL Amaretto
1 kg Pfirsiche

• • •

• **BACKTEMPERATUR:** *180 Grad*
• **BACKZEIT:** *ca. 15 Minuten*

Aus Butter, Zucker, Salz, Vanille, Mehl, Mandeln und geriebener Schokolade einen Mürbteig bereiten und backen. Mascarpone, Dotter, Zucker und Amaretto verrühren und auf den ausgekühlten Mürbteigboden streichen.
Die Pfirsiche kurz in kochendes Wasser legen und häuten, halbieren, entkernen und auf die Mascarponecreme legen. Eventuell mit klarem Tortengelee überziehen.

Englische Spezialität!
Faulenzer können auch Biskotten (Löffelbiskuits) verwenden!

Pfirsich-Sherry-Trifle

• **ZUTATEN:**	*1 P. Vanillepudding*	*Pfirsiche (geschnitten)*	*Zitronenmelisse*
	4 EL Zucker	*200 g Schlagsahne*	*1 EL Kakaopulver*
	1/2 Liter Milch	*250 g Biskuit*	*ev. frische Beeren*
		1/8 Liter Sherry	*(zur Dekoration)*

Biskuit: 2 ganze Eier, 100 g Zucker und 2 EL Wasser schaumig rühren.
100 g Mehl mit 1/4 P. Backpulver vermischen und unter die Masse heben.
Bei 200 Grad ca. 10 Minuten backen.
Den Vanillepudding nach Packungsanweisung kochen, anschließend zugedeckt abkühlen lassen.
Die Schlagsahne steif schlagen und unter den abgekühlten Pudding heben.
Das Biskuit in kleine Stücke schneiden. In eine Glasschüssel zuerst die Hälfte der Biskuitstücke geben und mit der Hälfte des Sherrys beträufeln. Darauf die Hälfte der Vanillecreme verstreichen und die Pfirsiche auf der Creme verteilen. Die Schichten sollen am Schüsselrand gut erkennbar sein.
Eine weitere Schicht Biskuit mit Sherry tränken, die restliche Vanillecreme darüber geben und mit einem Esslöffel kleine Dellen eindrücken und zu Spitzen hochziehen. Das Trifle mindestens 3 Stunden im Kühlschrank durchziehen lassen. Vor dem Servieren mit Kakao bestreuen und mit Beeren garnieren.

Zwetschen-Streuselkuchen

• ZUTATEN:

RÜHRTEIG	STREUSEL
100 g weiche Butter	*100 g Mehl*
100 g Zucker	*1 P. Vanillepuddingpulver*
1 P. Vanillezucker	*75 g Zucker*
3 Eier	*100 g weiche Butter*
200 g Mehl	
1 TL Backpulver	*1/2 kg Zwetschen*

• BACKTEMPERATUR: *180 Grad*

• BACKZEIT: *1 1/4 Stunden*

Butter, Zucker und Vanillezucker werden schaumig gerührt. Die Eier nach und nach hinzufügen. Mehl und Backpulver vermischen, durchsieben und unter die Fett-Zucker-Eimasse rühren. Den Teig in eine gefettete Tortenform geben und mit den gewaschenen, entsteinten und halbierten Zwetschen mit der Schnittfläche nach unten belegen.

Für den Streusel Mehl, Puddingpulver, Zucker und Butter in eine Schüssel geben und mit dem Knethaken gut vermischen. Streusel über die Zwetschen bröseln und backen.

Zwetschen-Topfenkuchen

• ZUTATEN:

RÜHRTEIG	TOPFENMASSE	STREUSEL
200 g Butter	*500 g Topfen (Quark)*	*100 g Butter*
200 g Zucker	*150 g Zucker*	*130 g Mehl*
4 Dotter	*1 P. Vanillezucker*	*50 g Puderzucker*
4 Eiklar	*2 Dotter*	
250 g Mehl	*2 Eiklar*	
1/2 P. Backpulver	*60 g Butter*	
1 P. Vanillezucker	*Saft einer Zitrone*	*600 g Zwetschen*

• BACKTEMPERATUR: *180 Grad*

• BACKZEIT: *ca. 45 Minuten*

• • •

• • •

Butter, Zucker, Dotter schaumig rühren. Mehl mit Backpulver vermischen und untermengen. Zuletzt den Schnee unterheben. Die Masse auf das Blech streichen. Für die Topfenmasse Butter, Zucker und Dotter schaumig rühren, Topfen und Zitronensaft dazugeben und den Schnee unterheben. Diese Masse auf den Teig streichen, mit Zwetschen belegen und den Streusel darüber geben. Streusel: Butter zerlassen. Mehl einrühren und mit der Gabel zerdrücken, bis Krümel entstehen. Von der Kochplatte nehmen und den Puderzucker einrühren.

Schneller Zwetschenkuchen

• ZUTATEN:

4 Eier
300 g Puderzucker
120 g Öl
1/8 Liter Wasser
300 g Mehl
1/2 P. Backpulver
Zitronenschale
1 kg Zwetschen (geviertelt)

• BACKTEMPERATUR: *180 Grad*
• BACKZEIT: *30 Minuten*

Eier und Puderzucker schaumig schlagen. Öl, Wasser und Zitronenschale dazugeben. Anschließend das mit Backpulver vermischte Mehl dazugeben und den Teig auf ein befettetes, bemehltes Blech streichen. Mit den Zwetschen belegen und ins Rohr schieben.

Faulenzernockerl mit Zwetschenröster

• ZUTATEN:

1 P. Topfen
1 Ei
4 EL Mehl

BUTTERBRÖSEL
Semmelbrösel
Butter
1 P. Vanillezucker

ZWETSCHENRÖSTER
1 kg Zwetschen
200 g Kristallzucker
Zimtrinde
ein Schuss Rum
1/8 Liter Wasser

• • •

...

Auch als Hauptspeise geeignet!

Topfen, Ei und Mehl verrühren. Die Masse etwas ziehen lassen. Mit einem Esslöffel Nockerl formen und in kochendes Wasser einlegen. Zirka 5 Minuten leicht kochen lassen. Die Nockerl abseihen und in Butterbröseln wälzen. Mit Puderzucker bestreuen und mit Zwetschenröster servieren.

Zwetschenröster: Zwetschen waschen, entkernen und klein schneiden. Zimtrinde und Wasser zugeben, mit Zucker weich kochen und mit dem Rum verfeinern. Zugedeckt auskühlen lassen.

Zwetschenterrine „Herbstsegen"

Mit Zimt-Schlagsahne servieren!

• **ZUTATEN:**

500 g Zwetschen
100 g Zucker
50 g Mandelblättchen
Zimt
Zwetschenlikör oder Slibowitz
9 Blatt Gelatine

Gelatine in kaltem Wasser einweichen. Zwetschen in Zuckerwasser und Zimt weich kochen. Eingeweichte und aufgelöste Gelatine, Mandeln und Zwetschenlikör in das Kompott einrühren. In eine mit Frischhaltefolie ausgelegte Rehrückenform füllen und über Nacht kalt stellen.

Dörrzwetschen

• **ZUTATEN:**

kleine Hauszwetschen

Die Zwetschen waschen, einschneiden,
Kern herauslösen und im Rohr oder besser im Dörrapparat trocknen.

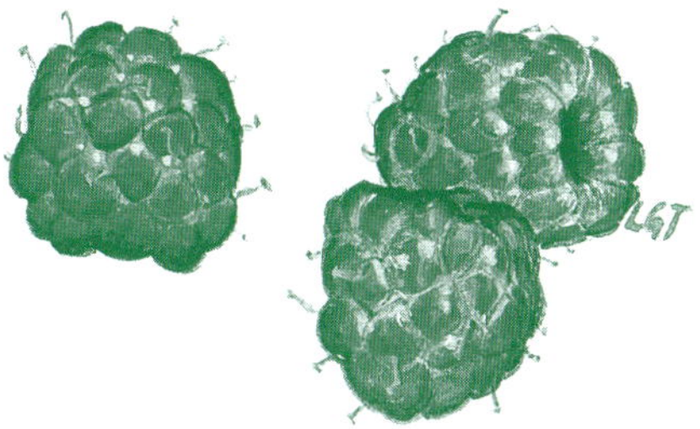

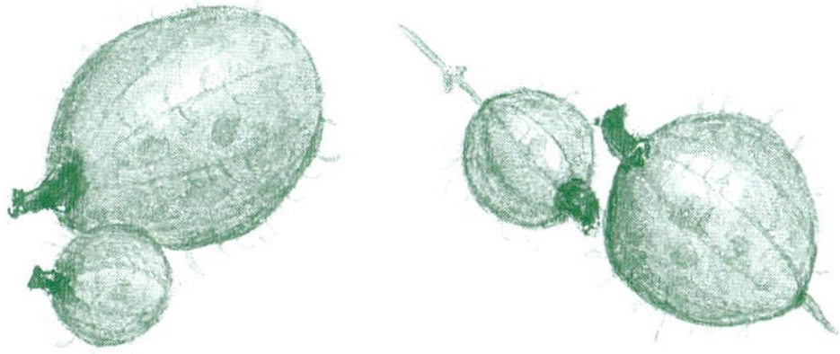

Beeren

Beeren im Biogarten

Jeder von uns ist doch eine Naschkatze. Daher gehören Beeren in jeden Garten. Ob Erdbeeren, Himbeeren, Brombeeren, Stachelbeeren, Johannisbeeren, Heidelbeeren oder Holunder – nichts sollte fehlen und alle sind relativ einfach und ohne großen Aufwand zu pflegen.

Erdbeeren werden im August gepflanzt. Der Boden sollte gut gelockert und mit viel Kompost und organischem Dünger angereichert werden. Die Pflanzen bleiben nämlich die nächsten drei Jahre über auf diesem Beet, daher ist die Vorbereitung besonders sorgsam durchzuführen. Das gilt auch für das Unkraut, ob Giersch, Quecke oder Winde. Diese Wurzelunkräuter sollten möglichst gründlich entfernt werden. Wie bei allen Pflanzen ist das Mulchen oder Bodenbedecken mit organischem Material sehr wichtig. Ich bevorzuge dafür entweder Rindenhumus (nicht Rindenhäcksel!) oder eine Holzfaser. Keinesfalls darf zwischen den Erdbeeren gejätet werden – die flachen Wurzeln würden so zerstört. Nach der Ernte werden alle Blätter abgeschnitten, das alte Mulchmaterial entfernt, die Pflanzen wieder mit Kompost und organischem Dünger (Hornspänen) versorgt und frisch gemulcht.

Himbeeren und Brombeeren sind in ihren Ansprüchen ähnlich: humusreiche, gleichmäßig feuchte Böden, die regelmäßig mit Kompost versorgt und dick mit Rindenmulch abgedeckt werden. Himbeeren tragen normalerweise auf den vorjährigen Trieben. Nach der Ernte werden diese bodeneben abgeschnitten. Von den inzwischen neu gewachsenen Himbeerruten bleiben nur so viele stehen, dass etwa alle 10 cm eine Rute aus der Erde kommt. Wer Probleme mit dem Rutensterben hat (die Triebe sterben dabei im 2. Jahr plötzlich ab), sollte herbsttragende Himbeeren (z.B. 'Autumn Bliss') pflanzen. Die Ernte beginnt dann Mitte August und dauert bis zum Frost.

Bei den Brombeeren ist zu beachten, dass höchstens 4–6 Ruten stehen bleiben. Sie tragen dann im kommenden Jahr. Die Geiztriebe aus den Blattachseln werden auf 2–3 Augen zurückgeschnitten. Nach der Ernte werden die abgetragenen Triebe entfernt und der Wachstumszyklus beginnt von neuem.

Stachelbeeren und Johannisbeeren benötigen ebenfalls viel Humus und einen gut gemulchten Boden. Alle zu dicht stehenden Triebe entfernen. Nur viel Licht und Luft verhindern bei Stachelbeeren Mehltaubefall.

Heidelbeeren gehören zu meinen Favoriten: Sie wachsen kräftig, tragen viele Früchte und sind weder schädlings- noch krankheitsanfällig. Die einzige Voraussetzung ist der richtige Boden. Die Gartenheidelbeeren (also jene mit dem grünen Fruchtfleisch) sind Moorbeetpflanzen und benötigen sauren Boden. Am geschicktesten ist es, ein Hochbeet anzulegen und dieses mit Torf, Torfersatz, Moorbeeterde oder Lauberdekompost zu füllen. Gedüngt wird mit Rhododendrondünger und gemulcht wird mit Rindenhäcksel – mehr ist nicht zu tun.
Doch: Sträucher mit einem Vogelschutznetz abdecken, denn die Amseln haben Heidelbeeren „zum Fressen gern“.

Brombeeren im Walnussbeet

• ZUTATEN:

RÜHRTEIG

3 Eiklar
150 g Zucker
150 g Walnüsse

CREME

250 g Mascarpone
250 g Joghurt
1/4 Liter Schlagsahne
100 g Zucker
5 Blatt Gelatine
Saft einer Zitrone

500 g Brombeeren
1 EL Zucker
1 EL Rum oder Brombeerlikör

• BACKTEMPERATUR: *180 Grad*
• BACKZEIT: *35 Minuten*

Backrohr vorheizen.
Eiklar mit Zucker sehr fest schlagen, dann die Walnüsse vorsichtig einrühren, in eine Tortenform füllen und backen.
Den ausgekühlten Tortenboden auf einen Teller legen, den Tortenring herumstellen, den Boden mit Marmelade bestreichen und dicht mit den marinierten Brombeeren belegen.
Gelatine einweichen.
Mascarpone, Joghurt und Zucker verrühren, die Gelatine im Zitronensaft auflösen und in die Crememasse einrühren.
Die Sahne steif schlagen und vorsichtig unterheben. Diese Creme über die Brombeeren gießen.
Die Torte einige Stunden kühl stellen und mit gerösteten Mandelblättchen bestreuen.

Brombeertraum

• **ZUTATEN:**

MÜRBTEIG	TOPFENMASSE	
150 g Mehl	750 g Magertopfen (mageren Quark)	eine Prise Salz
100 g Butter	250 g Zucker	Mark einer halben
1 Ei	50 g Mehl	Vanilleschote
50 g Zucker	1/4 Liter Schlagsahne	
1 P. Vanillezucker	5 Dotter	Brombeermarmelade
eine Prise Salz	5 Eiklar	300 g Brombeeren

• **BACKTEMPERATUR:** *180 Grad*
• **BACKZEIT:** *ca. 38 Minuten*

Aus Mehl, Butter, Zucker, Ei, Vanille und Salz einen Mürbteig bereiten und kühl stellen. Backrohr vorheizen. Topfen, Zucker, Mehl, Schlagsahne, Salz, Vanille und Dotter gut abrühren und den Schnee vorsichtig unterheben. Den Mürbteig in die Tortenform drücken und vorbacken, mit Brombeermarmelade bestreichen und die Topfenfülle darüber streichen.
Nun die Brombeeren vorsichtig hineindrücken und den Kuchen hellgelb backen.

Heiße Brombeeren mit Vanilleeis

Eine Alternative zu „heißen Himbeeren"!

• **ZUTATEN:**
200 g frische Brombeeren
4 EL Brombeermarmelade
1/4 Liter Schlagsahne
1 P. Vanillezucker
200 g Vanilleeis

Brombeeren mit der Brombeermarmelade erhitzen. Schlagsahne mit dem Vanillezucker steif schlagen.
Das Vanilleeis in Glasschalen füllen, mit der passierten Brombeersauce übergießen und mit Schlagsahne servieren.

„Karlis" Schlemmertorte

• ZUTATEN:

BISKUITTEIG
120 g Zucker
4 Dotter
80 g Mehl
1 P. Vanillezucker
4 Eiklar

JOGHURTCREME
1/4 Liter Joghurt
80 g Puderzucker
1 P. Vanillezucker
Zitronensaft
5 Blatt Gelatine
2 EL Rum
1/4 Liter Schlagsahne

Erdbeeren zum Belegen

• BACKTEMPERATUR: *180 Grad*
• BACKZEIT: *ca. 10 Minuten*
(bis sich der Teig von der Backform löst)

Dotter, Zucker und Vanillezucker schaumig rühren. Mehl und den steif geschlagenen Schnee unterheben. Teig backen.
Für die Creme Joghurt, Rum, Zitronensaft und Vanillezucker vermengen,
Gelatine in kaltem Wasser einweichen, gut ausdrücken und in knapp 6 EL heißem Wasser auflösen, überkühlen lassen und schnell unter die Creme rühren.
Zuletzt die mit Zucker geschlagene Schlagsahne dazugeben. Die Creme im Kühlschrank fest werden lassen.
Torte halbieren, mit Creme füllen, etwas Creme auch obenauf streichen, mit den Erdbeeren belegen und eventuell Gelee darüber gießen.

Gebackene Erdbeertorte

• ZUTATEN:

RÜHRTEIG
150 g Butter
150 g Zucker
5 Dotter
250 g Mehl

HAUBE
5 Eiklar
150 g Zucker
500 g Erdbeeren

• BACKTEMPERATUR: 180 Grad
• BACKZEIT: 15 Minuten vorbacken
20 Minuten backen

Schmeckt am besten, wenn sie noch ganz frisch ist!

Butter, Dotter, Zucker abtreiben, Mehl einarbeiten.
Den Teig in die Tortenform drücken und einen kleinen Rand formen.
Den Boden nun hellgelb vorbacken.
Die Eiklar zu festem Schnee schlagen; den Zucker dazugeben und die Erdbeeren vorsichtig unterheben. Nun die Torte fertig backen.

Erdbeercharlotte

• ZUTATEN:

RÜHRTEIG
6 Dotter
6 Eiklar
300 g Zucker
6 EL Wasser
1 P. Vanillezucker
250 g Mehl
1 TL Backpulver

Erdbeermarmelade

FÜLLUNG
1/2 kg Topfen (Quark)
6 Blatt Gelatine
1/4 Liter pürierte Erdbeeren
150 g Zucker
Saft einer halben Zitrone
1/4 Liter Schlagsahne

Erdbeeren zum Garnieren

Sehr dekorativ!

• BACKTEMPERATUR: 200 Grad
• BACKZEIT: ca. 15 Minuten

• • •

...

Backrohr vorheizen. Dotter, Zucker, Vanillezucker, Wasser sehr schaumig rühren. Eiklar zu steifem Schnee schlagen. Mehl mit Backpulver vermischen und in die Dottermasse einsieben; Schnee unterheben. Ein Backblech mit Backpapier auslegen und die Masse verteilen.
Nach dem Backen den Teig auf ein mit Kristallzucker bestreutes Geschirrtuch stürzen.
Mit Erdbeermarmelade bestreichen und noch warm einrollen.
Gelatine in kaltem Wasser einweichen. Topfen mit Zucker und Erdbeerpüree verrühren. Die Gelatine in Zitronensaft auflösen. Sahne steif schlagen und beides in die Topfenmasse rühren. Eine Kuppelform mit Frischhaltefolie auslegen und mit der in Scheiben geschnittenen Biskuitroulade sorgfältig auslegen. Die Topfenmasse einfüllen. Mit den restlichen Biskuitscheiben belegen und über Nacht kühl stellen.
Am nächsten Tag stürzen und die Frischhaltefolie abziehen. Mit Schlagsahne und frischen Erdbeeren verzieren.

Sehr schnell zubereitet!

Erdbeer-Schlemmerroulade

• ZUTATEN:

7 Dotter
7 Eiklar
70 g Zucker
80 g Mehl
etwas Backpulver
1/4 Liter Schlagsahne

Erdbeeren zum Füllen

• BACKTEMPERATUR: *200 Grad*
• BACKZEIT: *ca. 15 Minuten*

Die Dotter mit dem Zucker schaumig rühren. Den aus dem Eiklar geschlagenen Schnee und das mit Backpulver vermischte Mehl unterheben. Auf ein mit Backpapier ausgelegtes Backblech legen und backen.
Noch heiß einrollen. Die ausgekühlte Roulade mit Schlagsahne und Erdbeeren füllen.

Erdbeer-Stanitzerl

• ZUTATEN:	**BISKUITTEIG**	**FÜLLUNG**
	2 Eier abwiegen	*Schlagsahne*
	gleiches Gewicht Kristallzucker	*Erdbeeren*
	gleiches Gewicht glattes Mehl	
	1 P. Vanillezucker	

• BACKTEMPERATUR: *200–220 Grad*

• BACKZEIT: *5–10 Minuten (nicht zu dunkel werden lassen)*

Backrohr vorheizen. Eier mit Zucker und Vanillezucker schaumig rühren. Mehl langsam unterrühren. Teig auf ein befettetes Blech in Form von kleinen Kreisen auftragen (ca. 6 Stück pro Blech). Noch heiß in Stanitzel (Waffeltüten) formen.

Auskühlen lassen und mit Schlagsahne und Erdbeeren füllen.

Brandteigkrapferl mit Erdbeeren

Kann man auch wie Obstkörbchen formen!

• ZUTATEN:	**BRANDTEIG**		**FÜLLUNG**
	1/8 Liter Wasser	*120 g Mehl*	*Schlagsahne*
	120g Butter	*4 ganze Eier*	*Erdbeeren*
	eine Prise Salz		
			Puderzucker

• BACKTEMPERATUR: *250 Grad*

• BACKZEIT: *20–30 Minuten*

Backrohr auf 250 Grad vorheizen. Das Wasser mit Fett und Salz aufkochen lassen.

Das Mehl einrühren und vom Herd nehmen. Nach und nach die Eier einrühren bis ein glatter Teig entsteht. Die Masse mit einem Spritzbeutel auf ein Blech spritzen und bei 250 Grad backen. Wenn die Krapferl hellgelb sind, auf 200 Grad zurückschalten.

Ausgekühlt mit geschlagener Sahne und Erdbeeren füllen. Mit Puderzucker bestreuen.

Schmeckt köstlich!

Erdbeer-Tiramisu

• ZUTATEN:

1 Packung Biskotten (Löffelbiskuits)
400 g Erdbeeren
100 g Zucker
Zitronensaft
Erdbeerlikör
3 Blatt Gelatine

CREME
100 g Zucker
4 Dotter
500 g Mascarpone

Gelatine einweichen. Erdbeeren waschen und pürieren. Mit Zucker und Zitronensaft mischen, die aufgelöste Gelatine dazugeben und mit Erdbeerlikör abschmecken. Dotter mit dem Zucker schaumig rühren und den Mascarpone mit dem Schneebesen unterziehen.
Eine Auflaufform mit Biskotten auslegen, dann Erdbeermus darüber gießen, dann eine Schicht Mascarponecreme, gefolgt von weiteren Lagen Biskotten, Erdbeermus und Mascarponecreme; eventuell mit Schokoladeraspeln bestreuen und mit frischen Erdbeeren verzieren.

Schnell zubereitet und schmeckt wie „Salzburger Nockerl“!

Erdbeer-Schaumomelette

• ZUTATEN:

6 Dotter
6 Eiklar
eine Prise Salz
2 EL Speisestärke
3 EL Zucker
Erdbeeren

Dotter mit einer Prise Salz und 2 EL heißem Wasser schaumig rühren.
Eiklar zu steifem Schnee schlagen, Zucker und Speisestärke unterheben.
In einer Pfanne Butter zergehen lassen, Eimasse für eine Omelette hineingießen und stocken lassen (nicht wenden). Mit einem Deckel zudecken.
Die Omeletten mit gezuckerten Erdbeerhälften füllen und mit Puderzucker bestreuen.

Erdbeer-Mascarpone-Nockerl

• ZUTATEN:

1 P. Topfen (Quark)
1/4 Liter Joghurt
100 g Puderzucker
1 P. Vanillezucker
Saft einer Orange
1 Zitrone
3 Blatt Gelatine
1/4 kg Mascarpone
200 g Erdbeeren

Erdbeeren waschen, in kleine Stücke schneiden und pürieren.
Gelatine in kaltem Wasser einweichen. Marcarpone, Topfen, Joghurt, Zucker, Vanillezucker sowie Orangen- und Zitronensaft gut verrühren. Erdbeerpüree untermischen.
Die in ganz wenig heißem Wasser aufgelöste Gelatine in die Erdbeermasse einrühren und in eine Auflaufform füllen.
Im Kühlschrank fest werden lassen (2 bis 3 Stunden). Mit einem Löffel große Nockerl ausstechen und mit Erdbeerstücken garnieren. Eventuell mit Puderzucker bestreuen.

Erdbeerparfait

• ZUTATEN:

2 Eier
1 Dotter
100 g Zucker
1 P. Vanillezucker
1 Schnapsglas Erdbeerlikör
1 EL Zitronensaft
200 g Erdbeeren
1/4 Liter Obers
ev. Schokoladenstückchen

Eier mit Dotter, Zucker, Vanillezucker und Zitronensaft über Dunst schaumig schlagen und bis zum Erkalten weiterschlagen. Ca. 3/4 der Erdbeeren pürieren und die andere Hälfte in kleine Stückchen schneiden. Das Erdbeerpüree unter die Eimasse rühren.
Schlagobers steif schlagen und zusammen mit den Erdbeerstückchen und den Schokoladestückchen vorsichtig unterrühren. Die Masse in eine mit Klarsichtfolie ausgelegte Rehrückenform füllen und einige Stunden tiefkühlen.

Marinierte Erdbeeren

• ZUTATEN:

400 g Erdbeeren
2 Orangen
50 g Zucker
4 cl Erdbeerlikör

Die Schale einer Orange und den Saft von zwei Orangen mit dem Zucker aufkochen.
So lange kochen, bis die Sauce um 1/4 reduziert ist.
Erdbeerlikör dazugeben und auskühlen lassen.
Erdbeeren darin marinieren und in Glasschalen servieren.

Es eignet sich auch anderes Obst dafür!

„Arthurs" Schokoladeerdbeeren

• ZUTATEN:

100 g Kochschokolade (Backschokolade)
ca. 10 Stk. Erdbeeren

Die Schokolade im Wasserbad schmelzen lassen.
Die gewaschenen und trockengetupften Erdbeeren zur Hälfte in die Schokolade tauchen.
Auf einem Stück Backpapier fest werden lassen.

Monatserdbeer-Bowle

Variante für Kinder: Statt des Weißweins die Erdbeeren mit Apfelsaft ansetzen und vor dem Servieren mit perlendem Mineralwasser aufgießen!

• **ZUTATEN:**

125 g Monatserdbeeren
3 EL Zucker
1 Flasche Weißwein
1 Flasche Sekt

Erdbeeren verlesen, waschen und in einem Sieb abtropfen lassen.
In ein Bowlegefäß geben, Zucker darüber streuen und 30 Minuten ziehen lassen.
Danach kalten Weißwein dazugießen und wieder 30 Minuten kühl stellen.
Erst vor dem Servieren mit dem Sekt auffüllen.

Erdbeerlikör

• **ZUTATEN:**

1 kg Erdbeeren
1/2 Stange Zimt
500 g weißer Kandiszucker
1 1/2 Liter Weinbrand

Die gewaschenen Erdbeeren, Zimt und Kandiszucker in eine Glasflasche schichten, zudecken und gut durchkühlen.
Am nächsten Tag den Weinbrand über die Früchte gießen, die Glasflasche fest verschließen und 2 Monate an einen sonnigen Platz stellen. Von Zeit zu Zeit die Glasflasche schütteln.
Nach 2 Monaten den Likör durch ein mit einem Leintuch ausgelegtes Sieb seihen.
Den Likör in kleine Flaschen abfüllen und dunkel aufbewahren.

Heidelbeerkuchen

• ZUTATEN:

300 g Butter
300 g Zucker
1 P. Vanillezucker
eine Prise Salz
Schale einer halben Zitrone
4 Eier
300 g glattes Mehl
600 g Heidelbeeren

• BACKTEMPERATUR: *170 Grad*
• BACKZEIT: *ca. 60 Minuten*

Backrohr vorheizen. Heidelbeeren waschen und gut abtropfen lassen.
Weiche Butter, Zucker, Vanillezucker, wenig Salz und abgeriebene Zitronenschale cremig rühren. Eier nach und nach zugeben und die Masse schaumig schlagen. Mehl unterheben und auf ein befettetes, bemehltes Blech streichen. Die Heidelbeeren darauf verteilen und backen. Den Kuchen aus dem Rohr nehmen, auskühlen lassen und mit Puderzucker bestreuen.

Heidelbeer-Muffins

• ZUTATEN (FÜR 12 STÜCK):

Englische Spezialität!

RÜHRTEIG
200 g Mehl
60 g zarte Haferflocken
2 TL Backpulver
1/2 TL Natron
2 Eier
180 g brauner Zucker
150 g weiche Butter
1 P. Vanillezucker
300 g Sauerrahm (Saure Sahne)

200 g Heidelbeeren

• BACKTEMPERATUR: *180 Grad*
• BACKZEIT: *ca. 20 Minuten*

Backrohr vorheizen. Eier aufschlagen und leicht verrühren, dann Zucker, Butter, Vanillezucker und Rahm dazugeben und gut verrühren. Anschließend das Mehl mit Backpulver, Natron und Haferflocken mischen und vorsichtig unter die Eimasse heben. Die Muffin-Formen mit Papierförmchen auslegen, mit dem Teig füllen und im Rohr goldgelb backen. Mit Zucker bestreut warm oder kalt servieren.

Der Strudel schmeckt sowohl warm als auch kalt köstlich!

Heidelbeerstrudel

• ZUTATEN:

1 Pkg. Blätterteig
400 g Heidelbeeren
100 g Zucker
150 g Butter
100 g Semmelbrösel
100 g Mandeln
1 Ei zum Bestreichen

• BACKTEMPERATUR: *180 Grad*
• BACKZEIT: *ca. 30 Minuten*

Butter zerlassen, Semmelbrösel und Mandeln darin rösten. Zucker und Heidelbeeren dazugeben. Die Mischung auf dem Blätterteig verteilen und einrollen. Den Strudel auf ein befettetes Blech legen und mit dem verquirlten Ei bestreichen.

Heidelbeerfleck

Schnelle Mahlzeit!

• ZUTATEN:

RÜHRTEIG
150 g Mehl
3 Eier
50 g Zucker
1/4 Liter Milch
etwas Salz
Fett zum Herausbacken
500 g Heidelbeeren

• BACKTEMPERATUR: *180 Grad*
• BACKZEIT: *ca. 30 Minuten*

Dotter mit Zucker schaumig rühren, salzen, das Mehl dazugeben und mit so viel Milch aufgießen, dass ein dicker Teig entsteht. Eiklar zu festem Schnee schlagen und zusammen mit den Heidelbeeren unter den Teig mischen.
Teig mit einem Schöpfer portionsweise in heißes Fett geben und möglichst rasch zu handtellergroßen Plätzchen backen. Mit Zucker bestreut heiß servieren.

Eventuell mit Heidelbeerlikör verfeinern!

Heidelbeercreme

• ZUTATEN:

1/4 Liter Joghurt
40 g Staubzucker
1/4 Liter Schlagsahne
Saft einer halben Zitrone
300 g Heidelbeeren

Joghurt, Zucker und Zitronensaft verrühren. Schlagsahne steif schlagen und mit den Heidelbeeren unter die Joghurtmasse heben.

Heidelbeernockerl

• ZUTATEN:

1/2 kg Heidelbeeren
2 Eier
eine Prise Salz
3–4 EL Mehl
1/8 Liter Milch
Fett zum Herausbacken

Heidelbeeren, Mehl, Salz und Milch gut verrühren. In einer Pfanne Fett zerlassen. Mit einem Esslöffel Nockerl aus dem Teig stechen, in das heiße Fett geben und etwas flach drücken.
Die Nockerl werden auf beiden Seiten etwa zwei Minuten goldbraun gebacken.
Mit Puderzucker bestreuen und warm servieren.

Heidelbeerlikör

• ZUTATEN:

500 g Heidelbeeren
1 Vanilleschote
1/2 Zimtstange
200 g weißer Kandiszucker
1 Liter Kornschnaps

Die Beeren waschen und mit Vanille, Zimt und Kandiszucker in ein Glas schichten.
Zudecken und gut durchkühlen.
Am nächsten Tag den Korn dazuschütten.
Das Glas gut verschließen, an einen sonnigen Platz stellen und 2 Monate ziehen lassen.
Dann durch ein Tuch filtern, in Flaschen füllen und an einem dunklen, kühlen Ort aufbewahren.

Himbeer-Nusstorte

• ZUTATEN:

RÜHRTEIG
3 Eier
150 g Zucker
150 g Walnüsse

CREME
1/2 Liter Joghurt
6–7 Blatt Gelatine
Saft einer halben Zitrone
1 P. Vanillezucker
150 g Zucker
1/4 Liter Schlagsahne

500 g Himbeeren

Schmeckt ausgezeichnet!

• BACKTEMPERATUR: *180 Grad*
• BACKZEIT: *25–30 Minuten*

Backrohr vorheizen. Eier und Zucker schaumig rühren und Walnüsse vorsichtig unterheben.
Den Teig in eine gebutterte und mit Nüssen ausgestreute Tortenbackform geben und backen.
Gelatine einweichen. Joghurt mit Zucker und Vanille vermengen. Gelatine im Zitronensaft auflösen und dazurühren. Schlagsahne steif schlagen und vorsichtig unterheben.
Den ausgekühlten Kuchenboden auf einen Teller geben und einen Tortenring darüber stellen.
Die Himbeeren auf dem ausgekühlten Boden verteilen. Joghurtcreme einfüllen und Torte einige Stunden kühl stellen.

Eventuell mit Lavendelzucker bestreuen!

Himbeerbrandteigtorte

• **ZUTATEN:**

BRANDTEIG

1/4 Liter Milch
eine Prise Salz
75 g Butter
125 g Mehl
5 Eier

FÜLLUNG

300 g Himbeeren
1/2 Liter Schlagsahne
100 g Zucker
1 P. Sahnesteif
1 P. Vanillezucker
1 EL Himbeerlikör

• **BACKTEMPERATUR:** *auf 200 Grad vorheizen*
• **BACKZEIT:** *20 Minuten*

Milch, Salz, Butter erhitzen, Mehl auf einmal dazuschütten und kräftig rühren, bis sich der Teig vom Topfboden löst.
Nach und nach die verrührten Eier dazugeben.
Eine Springform befetten und jeweils 1/3 des Teiges einfüllen. 3 Teigböden backen.
Schlagsahne mit Zucker und Sahnesteif steif schlagen, mit Vanillezucker und Himbeerlikör verfeinern und die Himbeeren vorsichtig unterheben.
Die 3 Böden mit der Himbeer-Schlagsahne füllen und ev. mit Lavendelzucker bestreut servieren.

Ein ideales Dessert für Hobbygärtner!

Maulwurfskuchen mit Himbeeren

• **ZUTATEN:**

200 g Zucker
1/8 Liter Öl
1/8 Liter Wasser
5 Dotter
5 Eiklar
130 g Mehl
130 g geriebene Haselnüsse
1 P. Backpulver
3 EL Kakao
50 g Zucker

FÜLLUNG

500 g Himbeeren
5 EL Himbeerlikör
1/4 Liter Schlagsahne
1 P. Vanillezucker

• **BACKTEMPERATUR:** *180 Grad*
• **BACKZEIT:** *ca. 45 Minuten*

Dotter, Zucker, Wasser und Öl schaumig schlagen. Nüsse, Mehl, Backpulver und Kakao dazugeben. Das Eiklar mit 50 g Zucker steif schlagen und unter die Masse heben.
Den Teig in eine befettete und bemehlte Tortenform streichen und backen.
Die Himbeeren waschen und abtropfen lassen. Von der ausgekühlten Torte waagrecht 1/4 abschneiden und zerbröseln. Die restliche Torte mit dem Himbeerlikör befeuchten und mit den Himbeeren belegen.
Schlagsahne schlagen und Vanillezucker dazugeben.
Über die Himbeeren streichen und die Tortenbrösel darüber streuen.

Ein romantisches Dessert! Die Kekse können auch auf Vorrat gebacken werden!

Himbeer-Butterkekse „Sophie“

• ZUTATEN:

MÜRBTEIG

115 g weiche Butter
50 g Zucker
1 P. Vanillezucker
115 g Mehl
50 g Grieß

FÜLLUNG

1/4 Liter Schlagsahne
3 EL Zucker
500 g Himbeeren

• BACKTEMPERATUR: *180 Grad*
• BACKZEIT: *ca. 15 Minuten*

Aus Butter, Zucker, Vanillezucker, Mehl und Grieß einen Mürbteig bereiten.
Den Teig rasten lassen. Anschließend runde Kekse mit ca. 7–8 cm Durchmesser ausstechen, auf ein Blech legen und goldgelb backen.
Für die Füllung Schlagsahne schlagen und zuckern. Die Butterkekse auskühlen lassen, dann ein Keks mit der Schlagsahne bestreichen, mit Himbeeren belegen und mit einem zweiten Butterkeks bedecken.
Nun den „Deckel“ überzuckern und mit kandierten Blüten verzieren.

Himbeer-Topfentorte

• ZUTATEN:

100 g Butter
30 g Puderzucker
1 P. Vanillezucker
1 TL Zimt
eine Prise Salz
4 Dotter
3 Eiklar
90 g Zucker
150 g Mohn
70 g Haselnüsse

CREME

250 g Topfen (Quark)
60 g Puderzucker
Saft und Schale
einer halben Zitrone
1 P. Vanillezucker
eine Prise Salz
2 Becher Schlagsahne
5 Blatt Gelatine

BELAG

300 g Himbeeren
50 g Puderzucker
3 Blatt Gelatine

• BACKTEMPERATUR: *180 Grad*
• BACKZEIT: *ca. 30 Minuten*

Butter und Puderzucker schaumig schlagen. Zimt, Vanillezucker, Salz und Dotter beimengen und gut mixen. Aus Eiklar und Zucker einen Schnee schlagen. Mohn, Haselnüsse und Schnee unterheben.
Für die Creme den Topfen mit Puderzucker, Schale und Saft der Zitrone, Vanillezucker und Salz gut mixen, Gelatine unterrühren. Zum Schluss geschlagene Sahne unterheben.
Um den fertig gebackenen Tortenboden einen Ring geben, dann die Creme einfüllen und erkalten lassen.
Für den Belag die Himbeeren pürieren, erhitzen, Zucker und aufgeweichte Gelatine unterrühren. Ein wenig auskühlen lassen und langsam auf die bereits feste Creme gießen.

Himbeertraum

• ZUTATEN:

Eine Torte, die nicht gebacken werden muss!

TORTENBODEN
100 g Butter
100 g Schokolade
100 g geriebene Nüsse
20 Stück geriebene Biskotten (Löffelbiskuits)
ein Schuss Rum

CREME
Saft einer Zitrone
6 Blätter Gelatine
1/2 kg Topfen (Quark)
1/2 Liter Himbeeren
150 g Zucker
1/4 Liter Schlagsahne

Gelatine in kaltem Wasser einweichen.
Für den Tortenboden werden Butter und Schokolade zerlassen und mit den übrigen Zutaten vermengt. Einen Tortenring auf eine Tortenplatte stellen und die Masse hineindrücken.
Für die Creme werden Topfen, Zucker und pürierte Himbeeren verrührt. Die im Zitronensaft aufgelöste Gelatine wird dazugerührt und die geschlagene Sahne untergehoben.
Die Creme auf dem Tortenboden verteilen und die Torte über Nacht kalt stellen.

Holunderröster

• ZUTATEN:

1 kg schöne, reife Holunderbeeren
1/2 kg Zwetschen
4 Äpfel
2 P. Vanillezucker
1/4 kg Zucker
eine Prise Gewürznelken
1 Msp. Zimt
ein Schuss Rum
1/4 Liter Wasser

„G'MACHTL"
2 EL Sauerrahm (Saure Sahne)
1 EL Mehl

Die verlesenen Holunderbeeren mit Wasser, Nelken, Zucker, Vanillezucker, blättrig geschnittenen Äpfeln, halbierten Zwetschen und Rum aufkochen.
Sauerrahm und Mehl verrühren und mit dem Schneebesen in das heiße Gemisch einrühren.

Eferdinger Ribiselkuchen

• ZUTATEN:

MÜRBTEIG
250 g Mehl
140 g Butter
2 Dotter
5 EL Schlagsahne

SCHNEEHAUBE
2–5 Eiklar
200 g Zucker
280 g Johannisbeeren (Ribiseln)

• VORBACKEN: *210 Grad, 15 Minuten*
• FERTIG BACKEN: *150 Grad, 25 Minuten*
• BACKZEIT: *40 Minuten*

Für den Mürbteig das Mehl mit der Butter abbröseln, 5 EL Schlagsahne und 2 Dotter dazugeben. Den Teig dünn auswalken, auf ein Blech legen und im vorgeheizten Rohr goldgelb backen.
In der Zwischenzeit Eiklar zu festem Schnee schlagen. Den Zucker dazugeben und die Johannisbeeren unterheben. Diese Menge auf den vorgebackenen Boden streichen und fertigbacken.

Seewalchner Ribiselkuchen

• ZUTATEN:

250 g Mehl
150 g Puderzucker
50 g Butter
1 P. Vanillezucker
3 EL Wasser
1/2 P. Backpulver
1/16 Liter Milch
3 Dotter

BELAG
3 Eiklar
100 g Kristallzucker
Johannisbeeren (Ribiseln)

• BACKTEMPERATUR: *200 Grad*
• BACKZEIT: *10–15 Minuten*

Dotter und Puderzucker verrühren, Butter, Vanillezucker, Wasser, Milch und das mit Backpulver vermischte Mehl einrühren. Auf ein befettetes Backblech streichen (Achtung: Der Teig lässt sich schwer verstreichen).
Nach dem Backen den Belag (Eiklar mit Kristallzucker schlagen und Johannisbeeren unterheben) aufstreichen. Nochmals ins Backrohr schieben, bis die Schneehaube leicht bräunlich ist.

Überbackene Ribiseln

• **ZUTATEN:**

400 g Johannisbeeren (Ribiseln)
1/4 Liter Weißwein
80 g Zucker
1 Vanilleschote
500 g Topfen (Quark)
4 Dotter
80 g Puderzucker
50 g Stärke
40 g Rum
1 P. Vanillezucker
Schale von 1/4 Zitrone
4 Eiklar
100 g Kristallzucker

Weißwein, Zucker und Vanilleschote aufkochen und eine halbe Stunde lang ziehen lassen. Abseihen, die gewaschenen Johannisbeeren einlegen, einmal leicht aufköcheln und im Sud erkalten lassen. In der Zwischenzeit Topfen, Eidotter, Puderzucker, Stärke und Aromastoffe (Rum, Vanillezucker, Zitronenschale) gut verrühren. Eiklar und Kristallzucker zu steifem Schnee schlagen und unter die Dottermasse heben. Die Johannisbeermasse auf vier tiefe, feuerfeste Teller verteilen, mit der Topfenmasse bestreichen und im Rohr bei zirka 180 Grad goldbraun backen.

Stachelbeerkuchen

• **ZUTATEN:**

RÜHRTEIG

450 g Mehl
1/2 P. Backpulver
5 Eier
250 g Butter
280 g Zucker
1 P. Vanillezucker
Schale einer halben Zitrone
1 Msp. Salz
125 ml Milch

1 kg Stachelbeeren

• **BACKTEMPERATUR:** *170 Grad*
• **BACKZEIT:** *ca. 50 Minuten*

Backrohr vorheizen. Stachelbeeren waschen, Stiele und Blütenansatz abzwicken und gut trocknen. Butter, Zucker, Vanillezucker, Salz und Zitronensaft cremig rühren und nach und nach die Eier dazugeben. Mehl mit dem Backpulver vermischen und abwechselnd mit der Milch einmengen. Nun den Teig auf ein Backblech streichen, gleichmäßig mit den Stachelbeeren belegen und goldgelb backen.

Versunkener Stachelbeerkuchen

- **ZUTATEN:** *300 g Stachelbeeren, 4 Dotter, 4 Eiklar, 150 g Vollrohrzucker, 80 g Butter, 180 g Weizenvollmehl, 1/2 P. Backpulver*
- **BACKTEMPERATUR:** *180 Grad*
- **BACKZEIT:** *ca. 30 Minuten*

Stachelbeeren waschen, Stiele und Blütenansatz abzwicken.
Butter mit Vollrohrzucker und Dotter schaumig rühren. Das mit Backpulver vermischte Mehl unterheben. Eiklar sehr steif schlagen und unter die Masse heben.
In eine befettete und bemehlte Tortenform geben, mit den Stachelbeeren belegen.

Stachelbeercrumble

- **ZUTATEN:** *100 g kernige Haferflocken, 200 g Butter, 150 g Zucker, 250 g Mehl, 2 EL Puderzucker, 1 P. Vanillezucker, 700 g Stachelbeeren*
- **BACKTEMPERATUR:** *200 Grad*
- **BACKZEIT:** *10 Minuten vorbacken, 40 Minuten backen*

Backrohr vorheizen. Die Beeren waschen, Stielchen und Blütenansatz abzwicken. Haferflocken in einer Pfanne unter Rühren hellbraun rösten. Haferflocken in eine Schüssel geben.
In der Pfanne die Butter schmelzen lassen. Zucker und Mehl zugeben, mit den Händen zu einer Krümelmasse bröseln und die Haferflocken hinzufügen. Eine runde Auflaufform fetten, die Hälfte der Krümel einstreuen und im vorgeheizten Backrohr vorbacken.
Dann die Beeren darauf verteilen. Mit den restlichen Krümeln bestreuen und fertig backen. Puderzucker und Vanillezucker mischen und über den warmen Crumble geben. Der Crumble wird in England sowohl warm als auch kalt serviert. Dazu wird Schlagsahne gereicht.

Traubentorte

• ZUTATEN:

60 g Butter
120 g Zucker
1 P. Vanillezucker
70 g Walnüsse oder Mandeln
70 g Mehl
eine Prise Backpulver
4 Dotter
4 Eiklar

BELAG

300 g Trauben (kernlose)
1/4 Liter Schlagsahne
1 EL Zucker
1 P. Sahnesteif

• BACKTEMPERATUR: *190 Grad*
• BACKZEIT: *ca. 30 Minuten*

Butter, Dotter, Zucker und Vanillezucker schaumig rühren. Die gemahlenen Walnüsse und das Mehl untermischen. Steif geschlagenes Eiklar unterheben und den Teig in eine gefettete Backform füllen. Schlagsahne mit Zucker und Sahnesteif steif schlagen und auf dem ausgekühlten Tortenboden verstreichen. Trauben waschen, gut abtropfen lassen und gleichmäßig auf der Schlagsahne verteilen.

Weintrauben-Gervaistorte

• ZUTATEN:

150 g Biskotten (Löffelbiskuits)
125 g Butter
300 g Weintrauben (kernlose)
3 Blatt Gelatine
5 EL Marsala (süßer italienischer Weißwein)
600 g Gervais (Frischkäse)
300 g Joghurt
100 g Zucker

Muss nicht gebacken werden!

Für den Tortenboden die Butter zerlassen und mit den zerbröselten Biskotten vermengen. Diese Mischung fest in die Form drücken. Die Trauben waschen, halbieren und eventuell entkernen. Mit dem Marsala beträufeln und ziehen lassen.
Gelatine einweichen, Gervais, Joghurt, Zucker und die aufgelöste Gelatine verrühren.
Den Biskottenboden mit der Hälfte der Creme bestreichen, die Weintrauben darauf legen und die zweite Hälfte der Creme darüber geben. Mindestens 2 Stunden kühl stellen.

Ideales Dessert, wenn unverhofft Besuch kommt!

Weintraubenstrudel

• ZUTATEN:	**FÜLLUNG**	
Strudelteig (4 Blätter)	*3 Dotter*	*1/8 Liter Sauerrahm*
	3 Eiklar	*70 g Kristallzucker*
	40 g Butter	*20 g Mehl*
	250 g Topfen (Quark)	*500 g Trauben (kernlose)*

• BACKTEMPERATUR: *180 Grad*
• BACKZEIT: *ca. 45 Minuten*

Trauben waschen und gut abtropfen lassen. Butter, Topfen, Sauerrahm und Dotter cremig rühren. Eiklar mit Kristallzucker zu Schnee schlagen und mit dem Mehl unter die Topfenmasse heben. Strudelblätter nach Anweisung vorbereiten. Die Hälfte der Füllung und der Trauben auf einem Drittel des Doppelblattes verteilen, zu einem Strudel rollen und mit Butter bestreichen.
Mit den beiden restlichen Strudelblättern ebenso verfahren und ins Rohr schieben.

Versteckte Weintrauben

• ZUTATEN:	*125 g grüne Trauben*	*1 P. Vanillezucker*
	125 g blaue Trauben	*1 unbehandelte Zitrone*
	250 g Topfen (Quark)	
	etwas Milch	*8 EL geröstete, kernige Haferflocken*
	1/4 Liter Schlagsahne	*1/2 EL Butter*
	5 EL Zucker	*1 EL Zucker*

Topfen mit Milch, Zucker und Vanillezucker schaumig rühren. Saft und geriebene Schale einer Zitrone beifügen. Schlagsahne schlagen und unter die Topfenmasse heben. Die gewaschenen und halbierten Weintrauben darunter mischen.
Die Creme in eine Glasschale füllen und mit den gerösteten Haferflocken bestreuen.

Savarin mit Beeren

• ZUTATEN:

HEFETEIG
250 g Mehl
50 g Zucker
1 P. Vanillezucker
1/8 Liter lauwarme Milch
100 g zerlassene Butter
2 Eier

VORTEIG („DAMPFERL")
1 P. Hefe
1 TL Kristallzucker
2 EL lauwarme Milch
2 EL Mehl

ZUM TRÄNKEN
100 g Puderzucker
Saft von 5 Orangen
ein Schuss Rum

Beeren zum Füllen
Schlagsahne zum Garnieren

• BACKTEMPERATUR: *200 Grad*
• BACKZEIT: *ca. 30 Minuten*

Vorteig zubereiten und an einem warmen Ort aufgehen lassen.
In der Zwischenzeit Mehl, Zucker, Vanillezucker, Milch, Butter und Eier verrühren und den aufgegangenen Vorteig dazugeben.
Den Teig gut durchkneten und an einem warmen Ort aufgehen lassen. Backrohr vorheizen.
Den Teig in eine befettete Ringform geben und nochmals aufgehen lassen, bis sich die Teigmenge verdoppelt hat.
Die Zutaten zum Tränken erwärmen und über den gebackenen und aus der Ringform gestürzten Savarin gießen. Vor dem Servieren den Savarin mit Beeren füllen und mit Schlagsahne verzieren.

Beerenpalatschinken „Gartenlust“

• **ZUTATEN:**

RÜHRTEIG
3 Eier
100 g Mehl
1/2 Liter Milch

Vanilleeis
Himbeeren
Erdbeeren
Brombeeren

FRUCHTMUS
passierte Beeren
Zucker nach Geschmack
Beerenlikör

Eier, Mehl und Milch verquirlen, dünne Palatschinken backen.
Diese mit einer Kugel Vanilleeis und verschiedenen Beeren füllen. Mit Fruchtmus verzieren.

Englischer Summerpudding

Ein englisches Originalrezept!

• **ZUTATEN:** *550 g frische Beeren (Erdbeeren, Himbeeren, Johannisbeeren, Brombeeren)*
200 g Puderzucker
50 g Aprikosen-(Marillen-)Marmelade
entrindetes Toastbrot

Die Beeren mit Puderzucker bestreuen und über Nacht ziehen lassen.
Am nächsten Tag den Saft abseihen, mit der Marmelade aufkochen und über die Beeren gießen. Eine Puddingform exakt mit Toastbrot auslegen, abwechselnd Saft-Beerenmischung und Toastbrot einschichten. Mit dem Toastbrot abschließen.
Die Puddingform mit einem Teller beschweren und über Nacht in den Kühlschrank stellen.
Am nächsten Tag stürzen.
In England wird der Pudding mit ungeschlagener Sahne serviert.

Schmeckt einfach köstlich und zergeht auf der Zunge!

Joghurtnockerl „Ulli“

• **ZUTATEN:**

1/4 Liter Joghurt
1/4 Liter Schlagsahne
80 g Puderzucker
3 Blatt Gelatine
Saft einer halben Zitrone

Gelatine in wenig kaltem Wasser einweichen. Joghurt, Puderzucker und Zitronensaft verrühren. Die erwärmte und in etwas Wasser aufgelöste Gelatine und die geschlagene Sahne vorsichtig unter die Joghurtmasse heben.
Die Masse im Kühlschrank erkalten lassen. Mit einem Löffel Nockerl ausstechen und auf Erdbeermark, Himbeermark und Heidelbeermark anrichten.

Etwas deftig, aber oho!

Panna Cotta mit Beerenvariation

• **ZUTATEN:**

1/4 Liter Schlagsahne
350 g Kristallzucker
1 Vanilleschote
1 1/2 Blatt Gelatine
Beeren der Saison

Die Schlagsahne, den Kristallzucker und die ausgekratzte Vanilleschote ca. 5 Minuten auf kleiner Flamme köcheln lassen.
Anschließend die Gelatineblätter beigeben und fest verrühren.
Die fertige Masse in Kaffeetassen abfüllen und mindestens 8 Stunden kalt stellen.
Aus der Form stürzen und mit frischen Beeren des Gartens anrichten.

Rote Grütze

• ZUTATEN:

250 g Heidelbeeren
250 g Brombeeren
125 g Himbeeren
175 g Zucker
1 P. Vanillezucker
1 EL Zitronensaft
1 Zimtstange
2 EL Speisestärke
3/4 Liter Wasser

Beeren in einen Topf geben und mit Wasser bedecken.
Zucker, Vanillezucker, Zitronensaft, Zimtstange und Speisestärke dazugeben und umrühren.
Alles aufkochen lassen.
Den Topf von der Herdplatte nehmen und 10 Minuten ziehen lassen.
Die Grütze in Glasschalen portionieren und mit Schlagsahne servieren.

Rumtopf

• ZUTATEN:

500 g Früchte:
Erdbeeren, Kirschen, Weichseln,
Aprikosen (Marillen), Himbeeren, Heidelbeeren,
Pfirsiche, Brombeeren, Zwetschen
250 g Zucker
Mindestens 40 %igen Rum

Ein Rumtopf muss wachsen. Jeden Monat gibt man jene Früchte dazu, die man gerade frisch im Garten hat.
Die Früchte waschen, gut trockentupfen, eventuell klein schneiden, mit der jeweiligen Zuckermenge überstreuen und einen halben Tag kühl ziehen lassen. Dann die Früchte in den vorgesehenen Topf füllen und mit Rum bedecken. So lange fortfahren, bis der Topf voll ist und alle Früchte mit Rum bedeckt sind. Immer wieder mit einem Silberlöffel umrühren, damit sich der Zucker gut auflöst.
Meist ist der Rumtopf Ende September fertig angesetzt. Er wird nun fest verschlossen und kühl aufbewahrt.
In der Adventzeit kann man schon die ersten Kostproben genießen.

Blüten und Kräuter

Blüten und Kräuter im Biogarten

In einem naturnahen Garten werden die vielen blühenden Sommerblumen und die duftenden Kräuter in bunter Mischung im gesamten Garten verteilt sein – Veilchen, die am Rand des Weges blühen; Ringelblumen, die nach einigen Jahren im gesamten Garten aufblühen; oder Waldmeister, der dicke Teppiche unter einer wild wachsenden Hecke bildet.

Rosen werden in einem naturnahen Garten vom Lavendel begleitet, denn bei einer biologischen Düngung vergrämt der starke Geruch des Lavendels die Blattläuse.

Biologische Düngung bedeutet: kein Kunstdünger, sondern in erster Linie Kompost oder organische Dünger. Sie wirken „sanft“ und sorgen dafür, dass die Pflanze gleichmäßig mit Nährstoffen versorgt wird. Plötzliches Düngen im Übermaß führt nämlich häufig zu Schädlingsinvasionen und lästigen Pilzkrankheiten.

Daher gilt – wie immer im Biogarten: sanft düngen und mit der Natur, nicht gegen die Natur gärtnern.

Gebackene Holunderblüten

• ZUTATEN:

200 g Mehl
1 Dotter
2 Eier
1 Prise Salz
100 g Zucker
1/2 Liter Milch
1 Becher Backfett
Holunderblüten (Dolden)
Puderzucker zum Bestreuen

Zutaten mit einem Quirl zu einem dünnen Teig verrühren. Die Holunderblüten waschen, abtrocknen und am Stängel haltend in den dünnen Omelettenteig tauchen. Im heißen Fett schwimmend backen. Vor dem Servieren mit Puderzucker bestreuen.

Holunderblütenterrine

Ein ausgezeichnetes Frühlingsdessert!

• ZUTATEN:

1/4 Liter Schlagsahne
8 Blatt Gelatine
200 g Gervais (Frischkäse)
0,2 Liter Holunderblütensaft
1/4 Liter Sauerrahm (Saure Sahne)
1 EL Zitronensaft

Gelatine in kaltem Wasser einweichen. Gervais, Holunderblütensaft und Sauerrahm gut verrühren. Sahne steif schlagen. Gelatine im Zitronensaft auflösen und unter die Gervaismasse rühren. Anschließend das Obers unterheben. Die Masse in eine mit einer Frischhaltefolie ausgelegte Rehrückenform füllen und mindestens 4 Stunden kühl stellen.

Holunderblütensirup

Sehr beliebt bei Kindern!
Mit Sekt aufgespritzt als Aperitif erfrischend!

• ZUTATEN (FÜR 6 LITER):

40 Holunderblütendolden
4 unbehandelte Zitronen
140 g Zitronensäure
4000 g Kristallzucker
2 Liter Wasser

• • •

...

Zitronen in feine Scheiben schneiden; mit den Holunderblüten, der Zitronensäure und dem Wasser in ein großes Gefäß geben. Diesen Ansatz 48 Stunden an einem warmen Ort ziehen lassen.
Dann durch ein Leinentuch abseihen, mit dem Zucker gut verrühren und nochmals 48 Stunden ziehen lassen.
Nun den Sirup in Flaschen füllen und kühl und dunkel lagern.

Holunderblütenlikör

• ZUTATEN (FÜR 2 LITER):

25 Holunderblütendolden
3 unbehandelte Zitronen
Saft von 3 Zitronen
400 g Zucker
1,5 Liter neutraler Schnaps
1/4 Liter Wasser

Die unbehandelten Zitronen in feine Scheiben schneiden, die restlichen Zitronen auspressen. Den Zucker im Wasser auflösen.
Holunderblüten und Zitronenscheiben in ein großes Gefäß schichten und mit dem Zitronensaft beträufeln; mit dem Zuckerwasser aufgießen. Das Gefäß abdecken und 10 Tage an einem warmen Ort stehen lassen. Diesen Ansatz durch ein Leinentuch seihen, mit dem Schnaps gut verrühren und in Flaschen füllen.

Sorbet aus Holunderblütensirup

• ZUTATEN:

250 ml Holunderblütensirup
50 ml Wasser
Saft einer Zitrone
ein Schuss süßer Weißwein

Sirup mit Wasser, Zitronensaft und Wein verrühren und in der Eismaschine zu Sorbet gefrieren.

Ploberger-Schnitten mit Lavendelzucker

- **ZUTATEN:** *150 g Margarine*
  150 g Zucker
  4 Eier
  150 g geriebene Mandeln oder Haselnüsse
  150 g geriebene Schokolade
  50 g Mehl

- **BACKTEMPERATUR:** *180 Grad*
- **BACKZEIT:** *20 Minuten*

Ein ganzes Ei und 3 Dotter mit Butter und Zucker abtreiben.
Nüsse und Schokolade beifügen, Mehl und Schnee von 3 Eiklar unterziehen.
Den Teig auf ein befettetes und bebröseltes Backblech streichen und backen.
Eventuell nach dem Backen mit Lavendelzucker bestreuen.

Lavendelzucker

- **ZUTATEN:** *Feinkristallzucker*
  tiefblaue Lavendelblüten

Zucker und Lavendelblüten schichtweise in ein Vorratsglas füllen und gut verschließen.
Nach ca. 6 Wochen den Lavendelzucker durch ein Sieb sieben, das nur den Zucker durchlässt.
Schmeckt hervorragend in Tee, Palatschinken, Eis. Eignet sich zum Überzuckern von Früchtekuchen.

Lavendeleis

• ZUTATEN:

1 TL Lavendelblüten
200 g Kristallzucker
1/4 Liter Milch
8 Dotter
1/4 Liter Schlagsahne

Die Lavendelblüten mit dem Zucker fein pürieren. Solange mit der Milch verrühren, bis sich der Zucker aufgelöst hat. Dotter, Schlagsahne und Lavendelmilch verrühren. In die Eismaschine geben und gefrieren lassen.

Wird in England zu Cream-Tea serviert!

Ringelblumenscones

• ZUTATEN:

500 g Mehl
1 P. Backpulver
130 g Butter
50 g Zucker
1 Ei
eine Prise Salz
150 ml Milch
2 EL frische Ringelblumenblütenblätter
Mascarpone und Marmelade zum Garnieren

• BACKTEMPERATUR: *220 Grad*
• BACKZEIT: *ca. 15 Minuten*

Mehl, Backpulver, Salz und Ringelblumenblätter vermischen. Butter in Flöckchen und das mit der Milch verquirlte Ei einrühren. Alles zu einem leicht klebrigen Teig verkneten. Nun den Teig 3 cm dick ausrollen und Kreise ausstechen. Dann im Rohr goldgelb backen. Mit Mascarpone und Marmelade servieren.

Rosenlimonade

• **ZUTATEN:**

200 ml Wasser
200 g Zucker
6 Zitronen
2 Hand voll duftende Rosenblütenblätter

Wasser und Zucker aufkochen und die Rosenblütenblätter hineingeben. Topf vom Herd nehmen und kühl stellen.
Den Saft von 6 Zitronen dazugeben und anschließend abseihen.
Mit Mineralwasser aufspritzen und mit Eiswürfeln servieren, in denen kleine Rosenblätter eingefroren sind.

Rosen-Pfirsichbowle

• **ZUTATEN:**

2 Pfirsiche
3 unbehandelte Zitronen
2 Orangen
1 P. Vanillezucker
2–3 EL Zucker
75 ml Pfirsichlikör
1 Hand voll Rosenblätter
1 Flasche Sekt

Pfirsiche in heißes Wasser geben und anschließend häuten.
Dann in Spalten schneiden und mit dem Zucker, dem Vanillezucker und dem Saft von 2 Zitronen und Orangen ziehen lassen.
Eine Zitrone in feine Scheiben schneiden und mit dem Pfirsichansatz in ein schönes Glas füllen.
Nun die duftenden Rosenblütenblätter dazugeben und mit Sekt aufgießen.

Ideal zur Tortendekoration!

Rosenblätter aus Schokolade

• ZUTATEN: *Kochschokolade (Backschokolade)*
Rosenblätter mit starken Blattadern

Kochschokolade im Wasserbad erwärmen.
Gewaschene und trockengetupfte Blätter mit geschmolzener Schokolade bestreichen und an einen kühlen Ort stellen.
Anschließend Rosenblatt abziehen und die Schokoladenblätter in Dosen aufbewahren.

Kandierte Veilchen

• ZUTATEN: *1-2 Eiweiß*
100 g feiner Zucker
Veilchenblüten

Das Eiweiß leicht mit einer Gabel verschlagen.
Die Blüten mit einem Backpinsel dünn damit bestreichen (darauf achten, dass auch das Blüteninnere benetzt ist) und mit Zucker bestreuen. Den überschüssigen Zucker vorsichtig abschütteln.
Die Blüten 2 bis 3 Tage auf einem Rost in der warmen Küche trocknen lassen, bis sie sich hart wie Glas anfühlen.
Zum Aufbewahren die kandierten Veilchen Lage für Lage durch Wachspapier getrennt in eine gut verschließbare Dose legen.
Statt Eiweiß kann auch Gummiarabikum aus der Apotheke genommen werden.
Das Pulver wird mit wenig Wasser angerührt, die Blüten werden damit wie mit dem Eiweiß bepinselt.

Waldmeisterbowle

• ZUTATEN:

1 Sträußchen Waldmeister
1 Flasche Weißwein
1 Flasche Sekt
3 EL Zucker
1 unbehandelte Orange

Wenn man den Waldmeister über Nacht welken lässt, entfaltet er ein besonders feines Aroma.
Den gekühlten Weißwein in einen Glaskrug gießen und den Zucker darin völlig auflösen.
Das Waldmeistersträußchen an einem Bindfaden so in das Gefäß hängen, dass die Stängel vom Wein nicht bedeckt werden.
Nach 30 Minuten den Walmeister entfernen.
Orangen in dünne Scheiben schneiden, in den Wein legen und mit Sekt aufgießen.

Zitronenthymiancreme

• ZUTATEN:

3 Blatt Gelatine
250 g Joghurt
125 ml Schlagsahne
60 g Zucker
1 EL Zitronenthymianblättchen
Saft einer halben Zitrone

Gelatine einweichen. Joghurt und Zucker gut verrühren, Sahne steif schlagen, Gelatine im Zitronensaft auflösen und beides unter die Joghurtsauce heben. Zuletzt die Zitronenthymianblättchen vorsichtig untermischen.
Nun eine beliebige Form mit Frischhaltefolie auslegen, die Creme einfüllen und mindestens 6 Stunden kühl stellen.
Mit marinierten Erdbeeren oder Fruchtmus servieren.

Gemüse

Gemüse im Biogarten

Viele Gärtner scheuen das Gemüse im Garten, dabei ist es so leicht zu ziehen. Noch dazu kommt es Ungeduldigen entgegen: Ob Karotten, Spinat, Zucchini oder Kürbis – im Frühjahr gepflanzt, beginnt die Ernte wenige Monate später. Beim Rhabarber dauert es etwas länger. Dafür liefert er über viele Jahre Nachschub an den fleischigen Stängel.

Wer neu mit einem Gemüsegarten beginnt, sollte das Rasenstück nicht bloß umgraben, sondern die oberste Schicht entfernen – die lästigen Drahtwürmer machen Ihnen sonst das Leben schwer. Der Boden darunter wird tiefgründig gelockert, mit Kompost versorgt und – falls er sehr schwer ist – mit Rindenhumus verbessert. Die Aussaat erfolgt in Mischkultur, das hält die Pflanzen gesund. Gedüngt werden die Starkzehrer (z.B. Zucchini) mehr als die Schwachzehrer (wie zum Beispiel alle Kräuter). Kürbisse kommen *zum* Kompost, nicht *auf den* Kompost. Die Pflanzen werden seitlich am Rand gesetzt, nicht direkt auf den Komposthaufen. So laugen die Kürbisse die Erde nicht aus, sondern verwerten die Nährstoffe, die ausgeschwemmt werden.

Wie generell im Garten für intelligente Faule wird auch im gesamten Gemüsegarten die Erde gut gemulcht. Das verhindert Unkrautwachstum, man muss weniger Gießen und die Pflanzen werden mit Nährstoffen versorgt. Als Mulchmaterial eignen sich im Gemüsegarten Rasenschnitt, Rindenhumus oder Strohhäcksel. Rindenhäcksel ist nicht geeignet.

Erdäpfel-Ameisenkuchen

• **ZUTATEN:**

RÜHRTEIG

300 g Butter
220 g Kristallzucker
1 P. Vanillezucker
6 Eier
eine Prise Salz
Schale einer unbehandelten Zitrone
1 EL Rum
400 g mehlige Kartoffeln (Erdäpfel)
300 g Kochschokolade
300 g Mehl

• **BACKTEMPERATUR:** *160 Grad*
• **BACKZEIT:** *ca. 1 Stunde und 15 Minuten*

Kartoffeln weich kochen und noch heiß durch die Kartoffelpresse drücken. Schokolade grob hacken und mit dem Mehl unter die ausgekühlten Kartoffeln geben. Backrohr vorheizen. Butter, Zucker, Vanillezucker, Zitronenschale und Salz gut cremig rühren und nach und nach die Dotter und den Rum einrühren. Eiklar zu Schnee schlagen und vorsichtig mit der Kartoffelmehlmasse unter die Buttermasse heben. Den Teig nun in eine gefettete und bebröselte Kuchenbackform geben und in das Rohr schieben.

Die Form gut einfetten!

Erdäpfelmohnkuchen

• **ZUTATEN:**

RÜHRTEIG

250 g Kartoffeln (Erdäpfel)
150 g Butter
7 Dotter und 1 Ei
7 Eiklar
70 g Zucker
120 g Kristallzucker
220 g geriebener Mohn
120 g geriebene Nüsse
20 g Semmelbrösel
eine Prise Salz
1 P. Vanillezucker
Schale einer unbehandelten Zitrone

• **BACKTEMPERATUR:** *170 Grad*
• **BACKZEIT:** *ca. 1 Stunde*

• • •

Kartoffeln dämpfen und noch heiß durch die Kartoffelpresse drücken.
Backrohr vorheizen.
Butter, Zucker, Salz, Vanillezucker und Zitronenschale cremig rühren.
Überkühlte Kartoffeln zugeben und nach und nach die Dotter und das Ei einrühren.
Mohn, Nüsse und Brösel vermischen. Eiklar mit dem Kristallzucker zu Schnee schlagen und mit der Mohnmischung vorsichtig unter die Erdäpfelmasse mengen.
Den Teig in eine gefettete, mit Bröseln ausgestreute Kuchenbackform streichen und backen.

Erdäpfelwurm

• ZUTATEN:

GERMTEIG

250 g Kartoffeln (Erdäpfel)
1/16 Liter Milch
500 g glattes Mehl
eine Prise Salz
80 g Kristallzucker
1 Ei
1 Dotter
100 g flüssige Butter
Zitronenschale
1 P. Vanillezucker

VORTEIG („DAMPFERL")

30 g Germ
1 El Mehl
1 TL Zucker
1 EL lauwarme Milch

• BACKTEMPERATUR: *160 Grad*
• BACKZEIT: *ca. 45 Minuten*

Backrohr vorheizen. Kartoffeln dämpfen und noch heiß durch die Kartoffelpresse drücken.
Den Vorteig bereiten und an einem warmen Ort aufgehen lassen.
Mehl, Salz, Zucker, Ei, Dotter, flüssige Butter, Zitronenschale, Vanillezucker, überkühlte Kartoffeln, Milch und den aufgegangenen Vorteig vermengen und zu einem glatten Teig verkneten.
Den Teig aufgehen lassen, anschließend eine lange Rolle formen und mit verquirltem Ei bestreichen und backen.

Süße Kipfler

• ZUTATEN:

70 g Butter
1 Ei
250 g Topfen
150 g gekochte Kartoffeln
2 EL Weizengrieß
250 g Mehl
eine Prise Salz
beliebige Marmelade zum Füllen

Ei zum Bestreichen

• BACKTEMPERATUR: *160 Grad*
• BACKZEIT: *ca. 45 Minuten*

Kartoffeln dünsten und noch heiß durch die Kartoffelpresse drücken. Die überkühlten Kartoffeln mit Butter, Ei, Topfen, Mehl, Grieß zu einem glatten Teig verkneten. Den Teig kühl rasten lassen. Backrohr vorheizen. Teig zu einer messerrückendicken, runden Platte ausrollen, vom Kreismittelpunkt aus Dreiecke schneiden, beim breiteren Ende einen TL Marmelade hinsetzen und einrollen. Die entstandenen Kipferl auf ein mit Backpapier ausgelegtes Blech legen; mit Ei bestreichen und goldgelb backen.

Karottentorte „Langohr“

• ZUTATEN:

250 g Haselnüsse
250 g Karotten
4 Eiklar
200 g Zucker
4 Dotter
Saft einer halben Zitrone
ev. etwas Rum
eine Prise Nelkenpulver
100 g Mehl
1/2 P. Backpulver

SCHOKOLADENGLASUR
5 Rippen Kochschokolade (Backschokolade)
150 g Butter

• BACKTEMPERATUR: *180 Grad*
• BACKZEIT: *ca. 50 Minuten*

Mit Schlagsahne servieren und mit Marzipankarotten dekorieren!

Haselnüsse und Karotten fein reiben und vermischen.
Eiklar zu Schnee schlagen. 1/3 vom Zucker löffelweise einschlagen. Dotter mit restlichem Zucker dick schaumig rühren. Zitronensaft und ev. Rum, Haselnussgemisch und das Gemisch aus Nelkenpulver, Mehl und Backpulver abwechselnd mit dem Schnee unterheben.
Erkaltet mit Schokoladenglasur (Schokolade und Butter im Wasserbad erweichen) überziehen.

Kürbismuffins

• ZUTATEN: **RÜHRTEIG**

170 g Mehl
2 gehäufte TL Backpulver
6 EL neutrales Öl
2 Eier
100 g Joghurt
70 g Zucker
Schale einer unbehandelten Zitrone
je 1 Msp. Zimt, Zucker und Salz

200 g Kürbis

• BACKTEMPERATUR: *200 Grad*
• BACKZEIT: *ca. 20 Minuten*

Den Backofen vorheizen. Kürbis entkernen, schälen, fein raspeln und mit der Zitronenschale vermischen. Mehl mit Backpulver, Zucker, Zimt und Salz mischen.
Das Öl mit den Eiern und dem Joghurt schaumig schlagen und dann mit der Mehlmischung vermengen. Nun die Kürbisraspeln vorsichtig unterheben. Muffinsformen mit Papierförmchen auslegen. Teig in die Förmchen füllen und backen.

Kürbis-Birnenstrudel

• ZUTATEN: *Strudelteig (4 Blätter)*
100 g Butter

FÜLLUNG
600 g Speisekürbis
400 g Birnen
150 g brauner Zucker
1 TL Vanillezucker

150 g Semmelbrösel
100 g Butter
2 EL Kristallzucker

• BACKTEMPERATUR: *180 Grad*
• BACKZEIT: *35 Minuten*

Backrohr vorheizen. Kürbis und Birnen schälen, entkernen und raspeln. Mit Zucker und Vanillezucker gut vermischen.
Für die Butterbrösel die Butter und den Kristallzucker erwärmen. Die Brösel einstreuen und goldgelb rösten.

• • •

Ein Strudelblatt auf ein feuchtes Tuch legen, die Hälfte der geschmolzenen Butter darauf streichen, mit einem zweiten Blatt abdecken und zu 2/3 mit der halben Fülle und der halben Menge Semmelbrösel bedecken.
Freie Teigflächen mit Butter bestreichen und einrollen. Mit den restlichen Strudelblättern und der Füllung ebenso verfahren.
Beide Strudel auf ein Backblech legen, mit Butter bepinseln und backen.

Rhabarberschnitten

• ZUTATEN:

150 g Butter
6 Dotter
150 g Zucker
1 P. Vanillezucker
6 EL Milch
Rum nach Geschmack
300 g Mehl
1 P. Backpulver

BELAG

Johannisbeer-(Ribisel-)Marmelade
6 Eiklar
200 g Zucker
200–250 g Kokosflocken
1 kg Rhabarber

• BACKTEMPERATUR: *180 Grad*
• BACKZEIT: *45–50 Minuten*

Butter, Zucker, Vanillezucker und Dotter schaumig rühren. Milch, Rum und das mit Backpulver vermischte Mehl unterheben. Auf ein befettetes Blech geben und mit Johannisbeermarmelade bestreichen.
Eiklar mit Zucker steif schlagen. Kokosflocken und den in kleine Stückchen geschnittenen Rhabarber unterheben und auf den Teig streichen.

Rhabarber-Topfentorte „Cordula“

• ZUTATEN:

MÜRBTEIG

200 g glattes Mehl
140 g kalte Butter
70 g Puderzucker
1 Dotter
etwas Salz
600 g Rhabarber
200 ml Orangensaft
70 g Kristallzucker

FÜLLUNG

500 g Topfen
30 g Vanillepuddingpulver
1 P. Vanillezucker
100 g Staubzucker
Schale und
Saft einer Zitrone
etwas Orangenschale
5 Dotter
1/4 Liter Schlagsahne

• BACKTEMPERATUR: *180 Grad*
• BACKZEIT: *ca. 90 Minuten*

Backrohr vorheizen. Mehl mit Butter verbröseln, mit Zucker, einer Prise Salz und Dotter rasch zu einem glatten Teig verkneten.
Den Teig mit einem kleinen Rand in eine Tortenform drücken und mehrmals einstechen. Den Teigboden goldgelb vorbacken.
Für die Füllung Topfen mit Puddingpulver, Vanillezucker, Puderzucker, geriebener Orangen- und Zitronenschale, Salz, Dotter und flüssiger Schlagsahne verrühren.
Rhabarber schälen und in 1 cm lange Stücke schneiden. Orangensaft, Zucker und die Rhabarberstücke kurz aufkochen und 5-8 Minuten ziehen lassen.
Den Rhabarber herausheben und auf den Tortenboden legen. Die Topfencreme darüber streichen und die Torte fertig backen.

Sie werden diese Torte bestimmt noch einmal machen!

Rhabarberkuchen

• ZUTATEN:

200 g Mehl
1 TL Backpulver
2 Dotter
100 g Butter
100 g Zucker
1 TL Zimt
etwas Milch

BELAG

1000 g Rhabarber
etwas Zucker

HAUBE

100 g Zucker
Zitronensaft
2 Eiklar

• BACKTEMPERATUR: *180 Grad*
• BACKZEIT: *ca. 30 Minuten*

Mehl und Backpulver vermischen, mit Butter, Zucker, Zimt und Dotter verkneten.
Eventuell etwas Milch zufügen. Den Teig kühl stellen.
Rhabarber andünsten und gut abtropfen lassen. Den Teig in eine befettete Springform geben, Rhabarber darauf verteilen und den Kuchen backen.
Für die Schneehaube wird Eiweiß mit Zitronensaft steif geschlagen und der Zucker langsam eingerührt.
Die Haube wird auf den Kuchen gespritzt und noch 10 Minuten im Rohr überbacken.

Rhabarberstrudel

• ZUTATEN: *Strudelteig (4 Blätter)*

750 g Rhabarber
200 g Puderzucker
1 P. Vanillezucker
Schale einer unbehandelten Zitrone

60 g Butter
100 g Semmelbrösel
2 EL Zucker

• BACKTEMPERATUR: *200 Grad*
• BACKZEIT: *ca. 45 Minuten*

• • •

• • •

Backrohr vorheizen. Rhabarber schälen, in 2 cm lange Stücke schneiden und mit Puderzucker, Vanillezucker und Zitronenschale vermischen. Brösel in Butter goldbraun rösten und den restlichen Zucker dazurühren. Die Strudelblätter nach Anweisung vorbereiten und auf ein feuchtes Tuch legen. Ein Drittel des Blattes mit Bröseln und Rhabarber bedecken, Ränder einschlagen und zu 2 Strudeln zusammenrollen. Anschließend mit flüssiger Butter bestreichen und goldgelb backen.

Rhabarber-Himbeer-Sorbet

• ZUTATEN:

800 g Rhabarber
200 g Zucker
1/4 Liter Wasser
Saft von 2 Zitronen
250 g Himbeeren
1 EL Himbeergeist

Rhabarber in Zucker und Wasser weich kochen, abkühlen lassen, Zitronensaft, Himbeergeist und einen Teil der Himbeeren hinzufügen, pürieren und passieren.
In der Eismaschine gefrieren lassen und mit den restlichen Himbeeren garnieren.

Rhabarber-Erdbeer-Kompott

• ZUTATEN:

200 g Rhabarber
2 EL Weißwein
1/8 Liter Wasser
ein kleines Stück Zimtrinde
5 Gewürznelken
50 g Zucker
200 g Erdbeeren

Rhabarber waschen und schälen. In ca. 1 cm lange Stücke schneiden. Wasser, Wein und Zucker mit Zimtrinde und Gewürznelken aufkochen, den Rhabarber hineingeben und ca. 1 Minute köcheln lassen. Vom Herd nehmen. Wenn der Rhabarber ausgekühlt ist, die gewaschenen und geviertelten Erdbeeren unterheben.

Spinat-Cognactorte

• ZUTATEN:

BISKUITTEIG
5 Eier
125 g Puderzucker
100 g Mehl
1 kl. P. passierter Spinat
1/4 Liter Schlagsahne

GLASUR
1/8 Liter Schlagsahne
100 g Schokolade

• BACKTEMPERATUR: *180 Grad*
• BACKZEIT: *ca. 20 Minuten*

Eine ideale „Gärtnertorte"! Lassen Sie sich vom Namen der Torte nicht abschrecken, den Spinat schmeckt man überhaupt nicht.

Eier mit Puderzucker schaumig schlagen, anschließend das Mehl und den ausgedrückten Spinat unterheben und backen. Die Torte auskühlen lassen und mit Cognac beträufeln. Die Sahne steif schlagen und gleichmäßig auf der Torte verteilen; mit einem Messer glatt verstreichen.
Anschließend für die Glasur die Schlagsahne mit der Schokolade kurz aufkochen lassen und lippenwarm über die Torte gießen. (Kühl stellen!)

Zucchini-Schnitten „Georg"

• ZUTATEN:

250 g Butter
250 g Puderzucker
1 P. Vanillezucker
5 Dotter
5 Eiklar
250 g Mehl
120 g geriebene Nüsse
100 g geriebene Schokolade
1 P. Backpulver
1 grob geriebene Zucchini

• BACKTEMPERATUR: *160 Grad*
• BACKZEIT: *ca. 30 Minuten*

Schmecken wirklich ausgezeichnet!

Butter mit dem Zucker, Vanillezucker und den Dottern schaumig schlagen.
Das Mehl mit den Nüssen, der Schokolade und dem Backpulver vermengen und zum Abtrieb mischen. Den aus dem Eiklar geschlagenen Schnee unterheben.
Die geriebene Zucchini vorsichtig unterheben. Die Masse auf ein Blech streichen und backen. Eventuell mit einer Schokoladenglasur überziehen.

Begriffserklärungen

Erklärungen zum deutschen und österreichischen Sprachgebrauch

In den Süßen Geheimnissen aus dem Garten für intelligente Faule wird versucht, sowohl den deutschen als auch den österreichischen Sprachgebrauch zu berücksichtigen.

Das Kriterium bei der Verwendung der oft unterschiedlichen Ausdrücke im Bereich des Kochens und Backens beziehungsweise der Zutaten war in erster Linie Verständlichkeit unter Beibehaltung des „Lokalkolorits", das sich aufgrund der Tatsache ergibt, dass die Autorinnen Österreicherinnen sind und etliche Gerichte selbst benannt haben. Einige davon tragen daher Namen, die dem deutschen Leser vielleicht nicht auf den ersten Blick verständlich sind.

Ebenso werden in den Rezepten Bezeichnungen verwendet, die in Österreich weniger oder gar nicht gebräuchlich sind. Den Versuch, hierbei einen Mittelweg zu beschreiten, um für die Leser beider Sprachregionen nicht befremdlich zu wirken, soll dieses Glossar unterstützen, das keinen Anspruch auf Vollständigkeit erhebt und sich auf die augenfälligsten Unterschiedlichkeiten beschränkt.

Österreichischer Sprachgebrauch	Deutscher Sprachgebrauch
Biskotten	Löffelbiskuits
Brösel	Paniermehl
Erdäpfel	Kartoffeln
Fleck (wie in „Heidelbeerfleck")	ein quadratisch geschnittenes Stück Teig
Germ	Hefe
Gervais	Frischkäse
G'machtl	Mehl verrührt mit Saurer Sahne
Holler	Holunder
Knödel	etwa: Klöße
Kochschokolade	Backschokolade
Marillen	Aprikosen
Nockerl	etwa: Klößchen
Obers	siehe Schlagobers

Österreichischer Sprachgebrauch	Deutscher Sprachgebrauch
Palatschinken	Pfannkuchen
Radeln (wie in „Birnenradeln“)	Räder, Scheiben
rasten lassen (Teig)	ruhen lassen (Teig)
Ribiseln	Johannisbeeren
Röster (wie in „Marillenröster“)	Kompott, Mus
Sackerl (wie in „Marillensackerl“)	etwa: Beutelchen
Sauerrahm	Saure Sahne
Schlagobers	Schlagsahne
Stamperl	Schnapsglas
Stanitzel/Stanitzerl	Waffeltüte
Staubzucker	Puderzucker
Topfen	Quark
Weißwurz	Quecke
Zwetschken	Zwetschen

Impressum

Die deutsche Bibliothek – CIP-Einheitsaufnahme
Ein Titelsatz für diese Publikation ist bei Der Deutschen Bibliothek erhältlich.

Lektorat: Veronika Schubert, Österreichischer Agrarverlag
Korrektorat: Bettina Jakl-Dresel
Umschlaggestaltung: armanda,geisler Wien
Illustrationen (Kern und Umschlag): Leonore Geißelbrecht
Grafische Gestaltung & Satz: armanda,geisler Wien
Bildreproduktion: Hantsch & Jesch PrePress Services OEG

Printed in Austria
Druck und Bindung: AV Druck plus GmbH, Wien

ISBN (Österreich): 3-7040-1884-8
ISBN (Deutschland): 3-8001-3928-6

Ihre süßen Geheimnisse …

Das Geheimnis des feinen Backens.
Fini's Feinstes
WEIZENMEHL
mit Weizenkeimen
UNIVERSAL